Chiloé

IMAGEN DE CHILE

918.356
 D228c Darwin, Charles, 1809-1882.
        Chiloé / Charles Darwin. – 5ª ed. (castellano/inglés)
        preparada por David Yudilevich L. y Eduardo Castro Le-Fort
        Santiago de Chile: Universitaria, 2016.
        86 p.: il., mapa; 11,5 x 18,5 cm. – (Imagen de Chile)
        Texto en español e inglés. Incluye notas a pie de página.

        ISBN Impreso: 978-956-11-2499-8
        ISBN Digital: 978-956-11-2662-6

1. Chiloé (Chile) – Descripciones y viajes.
I. t.   II. Yudilevich Levy, David; Castro Le-Fort, Eduardo, eds.

Texto compuesto en tipografía *Palatino Lt Std 9/12*

Se terminó de imprimir esta
QUINTA EDICIÓN
en los talleres de Editora e Imprenta Maval Ltda.,
Rivas 530, Santiago de Chile, en enero de 2016.

DIAGRAMACIÓN
Yenny Isla Rodríguez

DISEÑO DE PORTADA
Norma Díaz San Martín

Este libro ha sido publicado gracias al aporte de la
Fundación Jaime Said Handal, a través de la Ley de Donaciones
con fines Culturales.

w w w . u n i v e r s i t a r i a . c l

Charles Darwin

Chiloé

Edición (Castellano/inglés) preparada por
DAVID YUDILEVICH L. y EDUARDO CASTRO LE-FORT

Edited (spanish/english) by
DAVID YUDILEVICH L. y EDUARDO CASTRO LE-FORT

EDITORIAL UNIVERSITARIA

CONTENIDO

CONTENTS

ILUSTRACIONES

Ilustraciones del zorro (p. 64), chucao y guid-guid (p. 74), churrete y fío-fío (p. 75), petrel gigante (p. 76).

ILUSTRATIONS

La ruta de Darwin en América del Sur. Ubicación de Chiloé.
Darwin's route in South America. Location of Chiloé.

PREFACIO A LA PRIMERA EDICIÓN

Este libro contiene las secciones sobre Chiloé de la célebre obra *Viaje de un naturalista alrededor del mundo*, de Charles Darwin. El eminente naturalista inglés visitó Chiloé en dos oportunidades durante su estadía en Chile por casi dos años entre 1833 y 1835[1]. En ese viaje venía también el pintor y dibujante Conrad Martens. Es interesante decir que en Valparaíso, Martens compartió taller con el destacado pintor Mauricio Rugendas y ambos enriquecieron el patrimonio pictórico de nuestro país.

Darwin tenía poco más de 20 años cuando recorre a pie, a caballo, en bote y en barco, extensas distancias en la Isla Grande de Chiloé y en el Archipiélago. Esta edición será una invitación para que el lector le imite y aprecie mejor los lugares que recorra. Enorme es la belleza natural que el viajero encuentra en las islas de Chiloé[2], tanto en la tierra como en el mar, pero los cambios ocurridos en el plazo de un siglo y medio se harán evidentes al comparar el hoy con el pasado aquí descrito. Quizás el viajero considerará beneficioso el cambio en el clima, con mucho menos lluvias; como las que perturbaron a Darwin en su casi permanente estadía en la foresta que cubría casi la totalidad de la isla en esa época. Nuestro espíritu ecológico, protector de la naturaleza de la región, recibirá nueva energía y valiosa argumentación para defenderla.

Entregamos aquí un diario de viaje escrito en un estilo sencillo y fresco que fascinará al lector al igual que lo ha hecho

---

[1] Ver libro *Darwin en Chile (1832-1835). Viaje de un naturalista alrededor del mundo* por Charles Darwin, Editorial Universitaria, Santiago de Chile, 1996.

[2] Para acceder al archipiélago de los Chonos se hace el maravilloso recorrido a través de los canales y fiordos del sur desembarcando en Melinka y otros lugares.

con el amplio público que ha leído en múltiples idiomas, sucesivas ediciones de esta obra maestra. Además de su valor en el campo de la botánica, la zoología y la geología, describe la sociedad y sus costumbres de las razas indígenas y de los demás habitantes de la isla.

Es interesante notar que Chiloé se independizó de España en 1826, varios años después que el resto de Chile. La visita de Darwin ocurrió solo ocho años más tarde, en 1934. Quien recorra hoy los canales, caminos y ciudades de Chiloé enriquecerá su experiencia al conocer la naturaleza y la gente que Darwin vio y que aquí describe magistralmente. Es un privilegio para nosotros disponer de este valioso y entretenido documento histórico, escrito por quien más tarde fuera uno de los científicos más importantes que han existido.

Charles Robert Darwin nació en Shrewsbury, Inglaterra, el 12 de febrero de 1809. A fines de 1831 se embarcó como naturalista en el barco H.M.S. Beagle, cuyo capitán era Robert Fitz-Roy. Durante cinco años circunnavegaron la Tierra. El joven Darwin hizo en ese tiempo geniales observaciones y descubrimientos que le conducirían más tarde a concepciones revolucionarias sobre el origen de las especies y del hombre. Darwin propuso que el principal factor de la evolución biológica es la "selección natural" y proporcionó evidencias para apoyar su teoría, que aún constituye tema de interés público y científico. *El origen de las especies* se publicó en 1859 y *El origen del hombre* en 1871.

Sus ideas generaron grandes controversias. Sin embargo, alcanzó enorme fama; que justificó homenajes que culminaron con su entierro en Westminster Abbey, junto a Newton, en 1882.

DR. DAVID YUDILEVICH L.[3]
Profesor, Facultad de Medicina, Universidad de Chile.
Emeritus Professor, King's College, University of London.
Agosto, 1998.

[3] Los editores agradecen la colaboración de la Sra. Francisca Domich e Iván Yudilevich.

Chiloé y las Islas Chonos

1. La isla de Chiloé. Aspecto general. Selva impenetrable

10 DE NOVIEMBRE DE 1834. La Beagle deja Valparaíso y se dirige hacia el sur, para sondear las costas de la parte meridional de Chile, las de la isla de Chiloé, y visitar esas numerosas islas conocidas con el nombre de archipiélago de los Chonos, que se extiende hasta la península de Tres Montes. El 21 anclamos en la bahía de San Carlos (Ancud), capital de Chiloé.

Esta isla tiene unas 90 millas [145 kilómetros] de longitud por una anchura de un poco menos de 30 millas [48 kilómetros]. Está entrecortada de colinas, mas no de montañas, y recubierta por completo de una inmensa selva, excepto allí donde se han limpiado algunos campos alrededor de chozas cubiertas por techumbres de paja. A cierta distancia, se creería ver de nuevo a Tierra del Fuego; pero, vistos de más cerca, los bosques son incomparablemente más bellos. Un gran número de árboles siempreverdes y de plantas de carácter tropical reemplazan aquí las sombrías y tristes hayas de las costas meridionales. En invierno el clima es detestable: por lo demás, no es mucho mejor en verano. Creo que hay pocos lugares en las regiones templadas del mundo donde llueva más. El viento sopla de continuo tempestuoso y el cielo está siempre cubierto, una semana completa de buen tiempo es casi un milagro. Hasta es difícil percibir la cordillera: durante todo el tiempo que duró nuestra estancia allí, no vimos sino una sola vez el volcán Osorno y fue antes de salir el sol; a medida que este ascendía, la montaña iba desapareciendo gradualmente en las brumosas profundidades del cielo, y ese lento desvanecimiento no dejó de interesarnos vivamente.

A juzgar por su color y su corta talla, los habitantes parecen tener tres cuartas partes de sangre india en las venas. Son gentes humildes, tranquilas, industriosas. Aunque el fértil suelo proveniente de la descomposición de las rocas volcánicas sostiene una lujuriante vegetación, el clima no es, sin embargo, favorable a los productos que tienen necesidad de sol para alcanzar su madurez. Hay pocos pastos para los grandes cuadrúpedos; por consiguiente, los principales alimentos son los cerdos, las patatas [papas][4] y el pescado. Los habitantes usan todos gruesos vestidos de lana, que cada familia teje por sí misma, y que tiñe de azul mediante índigo. Sin embargo, todas las artes son de lo más rudimentario, y para tener de ello la prueba no hay sino que examinar su singular manera de labrar, su modo de tejer, su manera de moler el grano o de construir sus barcos. Las selvas son tan impenetrables, que la tierra no se cultiva en parte alguna, salvo junto a la costa y en los islotes vecinos. Hasta en los lugares en que existen senderos, apenas si pueden atravesarse estos, tan pantanoso es el suelo; por eso los habitantes, como los de Tierra del Fuego, circulan principalmente por la orilla del mar o en sus lanchas. Los víveres abundan; pero, a pesar de ello, los habitantes son muy míseros; no hay trabajo y, por consiguiente, los pobres no pueden procurarse el dinero necesario para darse un pequeño lujo; además, falta la moneda hasta tal punto que he visto a un hombre cargado con un saco de carbón que iba a entregarlo en pago de un objeto insignificante, y a otro cambiar un tablón por una botella de vino. Cada uno está obligado, pues, a hacerse mercader para revender cuanto ha recibido en numerosos cambios.

2. *Excursión de San Carlos [Ancud] a Chacao*

24 DE NOVIEMBRE. La yola y la ballenera, al mando del ahora capitán Sulivan, parten para reconocer la costa oriental de Chiloé, y con orden de reunirse a la Beagle en la extremidad meridional de la isla, punto al que se dirigirá el navío luego de dar la vuelta a la isla entera. Acompaño a esa expedición; pero en vez de tomar sitio en los botes, desde el primer día alquilo ca-

[4]   Patata (en inglés *potato*) es llamada "papa" en Chile; es el *Solarium tuberosum.*

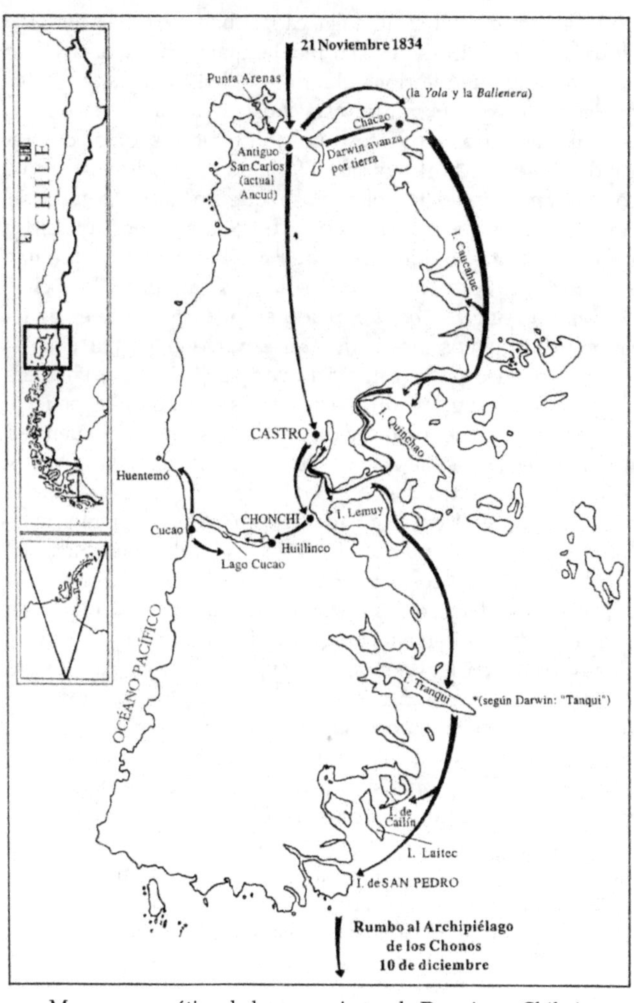

Mapa esquemático de las excursiones de Darwin en Chiloé.
Ubicación de Chiloé en el mapa de Chile.
Schematic map with Darwin's excursions in Chiloé.
Location of Chiloé in the map of Chile.

ballos que me conduzcan a Chacao, situado en la extremidad de la isla. El camino sigue la orilla del mar, atravesando de vez en cuando promontorios cubiertos de bellas selvas. En esos abrigados lugares el camino está construido con trozos de madera escuadrados y puestos unos junto a otros; en efecto, los rayos del sol jamás atraviesan el follaje siempreverde, y el suelo está tan húmedo, tan pantanoso, que sin ese entarimado ni hombres ni bestias podrían seguir el camino. Llego a la aldea de Chacao en el momento en que mis compañeros, que han venido en los botes, disponen las tiendas para pasar la noche.

En esa región se han limpiado amplias extensiones de terreno y efectuamos encantadoras escapadas al bosque. Chacao era en otros tiempos el principal puerto de la isla, pero habiéndose perdido un gran número de barcos a causa de las peligrosas corrientes y de los numerosos escollos que se encuentran en los pasos, el gobierno español hizo incendiar la iglesia y así arbitrariamente obligó al mayor número de habitantes de ese pueblo a trasladarse a San Carlos. Apenas habíamos establecido nuestro vivac, cuando el hijo del gobernador acudió, con los pies descalzos, a averiguar qué era lo que queríamos. Viendo la bandera británica izada en el palo mayor de la yola, con la mayor indiferencia preguntó si nos proponíamos posesionarnos de la isla. En muchos lugares, por lo demás, los habitantes, muy sorprendidos de ver barcos de guerra, creyeron, hasta esperaron, que procedían de una flota española que acudía a quitarle la isla al gobierno patriótico de Chile. Pero todos los funcionarios habían sido prevenidos de nuestra próxima visita y nos colmaron de cortesías. El gobernador vino a visitarnos mientras cenábamos; era un antiguo teniente coronel al servicio de España, pero ahora se hallaba en la más extrema pobreza. Nos dio dos carneros y a cambio aceptó dos pañuelos de algodón, algunos adornos de cobre y un poco de tabaco.

3. Excursión en bote hasta Huapi-Lemu

25 DE NOVIEMBRE. Llueve a torrentes; sin embargo costeamos la isla hasta Huapi-Lemu. Toda esta parte oriental de Chiloé presenta el mismo aspecto: una llanura entrecortada por valles

y dividida en pequeñas islas; el todo recubierto por una impenetrable selva verde negruzca. En la costa algunos campos roturados rodean las chozas, de techumbres muy elevadas.

4. Volcanes. Indígenas. La isla de Quinchao

26 DE NOVIEMBRE. La madrugada es admirable. El volcán de Osorno vomita torrentes de humo. Esta magnífica montaña, que forma un cono perfecto recubierto por completo de nieve, se eleva ante la cordillera. Pequeños chorros de vapor se escapan también del inmenso cráter de otro volcán cuya cumbre presenta la forma de una silla de montar. Poco después vislumbramos el excelso pico del Corcovado[5], que bien merece que se llame el "famoso Corcovado". Vemos, pues, desde un solo lugar tres grandes volcanes en actividad, cada uno de los cuales de alrededor de 7.000 pies [2.135 metros] de altitud[6]. Además, a lo lejos, hacia el sur, se alzan otros conos inmensos recubiertos de nieve y que, aunque no se hallen en actividad, deben de tener un origen volcánico. En esta región la línea de los Andes no es tan elevada como en Chile; no parece tampoco formar una barrera entre dos regiones de la tierra. Aunque esa gran cadena de montañas se extiende en línea recta de norte a sur, siempre ha parecido más o menos curva gracias a una ilusión óptica. En efecto, las líneas que van desde cada pico al ojo del espectador, convergen necesariamente como los radios de un semicírculo; y como, a causa de la transparencia de la atmósfera y de la ausencia de todo objeto intermedio, es imposible juzgar a qué distancia se encuentran los picos más lejanos, se cree tener delante una cadena de montañas dispuestas en semicírculo.

Desembarcamos por la tarde y vemos una familia de pura raza india. El padre se parece mucho a York Minster; algunos muchachos de tez bronceada hubieran podido tomarse fácilmente por indios de las pampas. Todo cuanto veo me confirma cada vez más el cercano parentesco de las diferentes tribus ame-

---

[5]   Volcán Corcovado: 43°07'S 72°45'O. 2.300 metros.

[6]   El tercer volcán es, seguramente, el Calbuco: 41°2'S 72°40'O.

ricanas, aun cuando todas ellas tienen lenguajes diferentes. Esta familia apenas sabía algunas palabras de castellano y hablaban entre ellos en su propio idioma. Es muy agradable el ver que los indígenas han alcanzado el mismo grado de civilización que sus vencedores de raza blanca, por ínfimo que sea ese grado de civilización. Más al sur hemos tenido ocasión de ver muchos indios de pura raza, y todos los habitantes de algunos islotes hasta han conservado sus nombres indios. Según el censo de 1832, había en Chiloé y en sus dependencias cuarenta y dos mil almas, de las que la mayor parte son, al parecer, de sangre mezclada. Once mil llevan aún su nombre de familia de indio, aunque es lo probable que en su mayoría no sean ya de raza india pura. Su modo de vivir es en absoluto el mismo que el de los otros habitantes y todos ellos son cristianos. Se dice, sin embargo, que practican todavía algunas extrañas ceremonias y que pretenden conversar con el diablo en ciertas cuevas. Antiguamente, cualquier convicto de ese crimen era enviado a la Inquisición de Lima. Muchos de los habitantes no comprendidos entre los once mil que conservan aún su nombre indio, se parecen completamente a los indios. Gómez, gobernador de Lemuy, desciende de nobles españoles por línea paterna y por línea materna; y, sin embargo, los cruces de esa familia con los indígenas han sido tan numerosos que es un verdadero indio. Por otra parte, el gobernador de Quinchao se envanece en gran manera de que la sangre española que corre por sus venas está limpia de todo cruzamiento.

Al atardecer alcanzamos una encantadora y pequeña bahía situada al norte de la isla de Caucahue. Los habitantes se lamentan mucho de la falta de tierras. Esto es debido en parte a su propia negligencia, porque no se quieren tomar el trabajo de talar el bosque, y en parte a las restricciones impuestas por el gobierno; hace falta, en efecto, antes de adquirir una pieza de tierra, por pequeña que esta sea, pagar al geómetra dos chelines por cada cuadra (150 metros cuadrados) que mide y, además, el premio que le place fijar como valor de la tierra. Después de su evaluación, hay que sacar la pieza de tierra a subasta por tres veces, y si no se presenta quien la quiera adquirir a precio superior, pasa a ser propietario de ella el primer postulante, al precio fijado. Todas esas exigencias impiden la limpieza del terreno en un país donde los habitantes son tan pobres. En la mayoría de los países se desembarazan fácilmente de las selvas quemándolas; pero en Chiloé el clima es tan húmedo, y el tipo de árbol es de tal naturaleza, que es totalmente necesario abatir los árboles, y este es un serio obstáculo a la prosperidad de Chiloé. En tiempos de la dominación española los indios no podían poseer tierras; una familia, luego de limpiar un terreno, podía verse expulsada y ver pasar esas tierras a poder del gobierno. Las autoridades de Chile cumplen hoy día un acto de justicia al retribuir un lote de tierra a cada uno de esos pobres indios. Por lo demás, el valor del terreno boscoso es muy poco considerable. El gobierno, para reembolsar un crédito al señor Douglas, ingeniero de esas islas, le dio, en los alrededores de San Carlos, ocho y media millas cuadradas de selvas y él me ha dicho que solo le ha sido posible revenderlas por 350 dólares, o cerca de 70 libras esterlinas.

Hace un buen tiempo durante dos días y llegamos por la noche a la isla de Quinchao. Esta región es la parte mejor cultivada del archipiélago; una zona bastante considerable en la costa de la isla principal ha sido raleada, así como muchos islotes de las cercanías. Algunas haciendas parecen ser muy confortables. Tengo curiosidad por saber qué fortuna pueden tener algunos de estos habitantes, pero el señor Douglas me dice que ninguno de ellos tiene una renta regular. Uno de los más ricos propietarios logra quizá acumular, a fuerza de trabajo y privaciones, 1.000 libras esterlinas, pero en ese caso tal suma es ocultada en cualquier rincón de la casa, porque cada familia, por tradición inveterada, tiene costumbre de enterrar su tesoro en una jarra o cofre.

5. Castro, antigua capital de Chiloé

30 DE NOVIEMBRE. En la madrugada del domingo llegamos a Castro, antigua capital de Chiloé, actualmente ciudad triste y desierta. Se ven los rastros del plano cuadrangular común de las ciudades españolas; pero las calles y la plaza están en la actualidad recubiertas de una espesa capa de césped donde pastan los carneros. La iglesia, situada en el centro de la población, se halla completamente construida de madera y tiene un aspecto pin-

toresco y venerable. El hecho de que uno de nuestros hombres no pudo lograr adquirir en Castro ni una libra de azúcar ni un simple cuchillo dará una débil idea de la pobreza de esa ciudad, aunque vivan aún en ella algunos centenares de personas. Ninguno de ellos posee ni reloj de bolsillo ni péndulo, y un anciano, que tiene fama de calcular bien el tiempo, da las horas con la campana de la iglesia cuando al le place. La llegada de nuestros barcos a ese retirado rincón del mundo fue un verdadero acontecimiento; todos los habitantes vinieron a orillas del mar para vernos alzar nuestras tiendas. Son muy corteses; nos ofrecieron una casa, y un hombre hasta nos envió como regalo un tonel de sidra. Por la tarde nos dirigimos a visitar al gobernador, anciano muy amable, que por su porte y su manera de vivir nos recordó bastante al campesino inglés. Por la noche empezó a llover con violencia y eso apenas si logró separar de nuestras tiendas a los mirones que de continuo las rodeaban. Una familia india, que había venido en canoa desde Caylén para efectuar algunos cambios, había establecido su vivac cerca de nosotros. Esa pobre gente no tenía nada con qué abrigarse de la lluvia. Al llegar la mañana, le pregunté a un joven indio, que se hallaba empapado hasta los huesos, cómo había pasado la noche. Pareció muy satisfecho y con la más sencilla ingenuidad, me contestó: "Muy bien, señor" (en castellano en el original).

Vieja iglesia de Castro, Chiloé.
Old church in Castro, Chiloé.

6. *Islas Lemuy, Caylén y Tanqui (Tranqui)*

1° DE DICIEMBRE. Hacemos rumbo a la isla de Lemuy. Estaba yo deseoso de visitar una supuesta mina de carbón; pero no era sino una capa de lignito de poco valor que se encuentra entre el asperón (perteneciente de seguro a la época del terciario inferior) de que se componen estas islas. Llegamos a Lemuy, tuvimos gran dificultad para disponer nuestras tiendas, porque arribamos allí en momentos de una gran marea y los árboles tocaban casi la orilla misma del agua. En algunos instantes nos vimos rodeados de una multitud de indios de raza casi pura. Nuestra llegada les causó la mayor sorpresa y uno de ellos dijo a otro: "He aquí por qué hemos visto tantos loros últimamente; el cheucau (extraño pajarito con el pecho rojo que vive en las más espesas selvas y deja oír los más extraordinarios gritos) no ha gritado 'cuidado' porque sí". Muy pronto nos pidieron que efectuáramos algunos trueques. Pare ellos, el dinero tenía poco o ningún valor, pero deseaban sobre todo procurarse tabaco.

Después de este, el índigo es lo que tenía más valor, y luego, el pimiento, los trajes viejos y la pólvora. Desean procurarse esta última con un fin bien inocente: cada parroquia posee un fusil público y tienen necesidad de la pólvora para disparar salvas el día de su santo patrono o de fiestas.

Los habitantes de la isla Lemuy se alimentan principalmente de mariscos y patatas [papas]. En ciertas épocas toman de los corrales de pesca o setos recubiertos por la marea alta, peces que ha dejado allí el mar al retirarse. Poseen también aves domésticas, carneros, cabras, cerdos, caballos y ganado vacuno: el orden en que cito esos animales indica su número proporcional. Jamás he encontrado pueblo más cortés ni más modesto. Empiezan por decirnos que no son españoles, sino desdichados indígenas, y que tienen una gran necesidad de tabaco y otros productos. En Caylén, la más meridional de estas islas, los marineros cambiaron una barra de tabaco que de fijo no valía más de tres medios peniques por dos pollos, uno de los cuales, según el indio, tenía una piel entre los dedos y resultó ser un espléndido pato; a cambio de algunos pañuelos de algodón que, ciertamente, no valían más de tres o cuatro chelines, nos procuramos tres ovejas y un gran manojo de cebollas. En ese sitio, la yola se encontraba a una gran distancia de la orilla, y aun así no dejábamos de temer que algunos ladrones intentasen apoderarse de ella durante la noche. Nuestro piloto Douglas previno, pues, al gobernador del distrito que colocábamos siempre centinelas durante la noche, que esos centinelas llevaban armas cargadas, que no entendían una palabra de castellano y que, por consiguiente, dispararían sobre cualquiera que se aproximase. El gobernador, haciendo humildes protestas, respondió que teníamos perfecta razón y nos prometió que ninguno de sus administrados se movería de su casa durante la noche para evitar incidentes.

Durante los cuatro días siguientes continuamos nuestra ruta hacia el sur. El carácter general del paisaje sigue siendo el mismo, pero la población está cada vez más espaciada. En la gran isla de Tranqui, apenas si se encuentra un campo despejado; por todas partes las ramas de los árboles penden hasta el mar. Cierto día, sobre un acantilado de arenisca, divisé algunas bellas plantas de panke [pangue] *Gunnera scabra*[7], planta que se parece al ruibarbo gigante. Los habitantes comen los tallos, que son acidulados, y se sirven de las raíces para curtir el cuero y para preparar una tintura negra. La hoja de esa planta es casi circular, pero profundamente dentellada en los bordes. Medí una que tenía cerca de ocho pies [2,44 metros] de diámetro y, por consiguiente, ¡24 pies [7,32 metros] de circunferencia! El tallo mide algo más de un metro de altura y cada planta tiene cuatro o cinco de esas enormes hojas, lo que les da un aspecto grandioso, que caracteriza a la planta.

7. Ascensión del San Pedro

6 DE DICIEMBRE. Llegamos a Caylén[8], denominado el "fin de la cristiandad". De madrugada nos detenemos algunos minutos en una casa situada en la punta septentrional de Laylec (Laytec), lugar extremo de la cristiandad en la América del Sur,

---

[7]   Nombre actual: *Gunnera tinctoria*; es el pangue o nalca.
[8]   Es la isla Cailin frente a Quellón.

y, hay que decirlo, esa casa no es sino una choza miserable. Nos encontramos a los 43°10' de latitud S, es decir, 2 grados más al sur que el río Negro en la costa del Atlántico. Esos últimos cristianos son extremadamente pobres y se aprovechan de su situación para pedirnos un poco de tabaco. Como prueba de la pobreza de esos indios, puedo decir que, poco tiempo antes, habíamos encontrado un hombre que había hecho tres días y medio de marcha, y tenía que hacer otro tanto para regresar a su casa, solo con el fin de cobrar el precio de una pequeña hacha y de algunos pescados. ¡Qué dificultades deberá de presentar la adquisición de la menor cosa cuando hay que tomarse tanto trabajo para cobrar una deuda tan pequeña!

Alcanzamos al atardecer la isla de San Pedro, donde hallamos anclada a la Beagle. Al doblar una punta de la isla, dos oficiales desembarcaron para tomar algunos ángulos con el teodolito. Un zorro (*Canis fulvipes*), especie muy peculiar, según dicen, de esa isla, donde es, sin embargo, rara y nueva allí, estaba sentado en una roca. Se hallaba tan absorto en la contemplación de los dos oficiales, que pude aproximarme a él y romperle la cabeza con mi martillo de geólogo. Ese zorro, más curioso o más amigo de las ciencias, pero en todo caso menos prudente que la mayor parte de sus congéneres, se encuentra hoy, como ejemplar de su especie, en el Museo de la Sociedad Zoológica.

El capitán Fitz-Roy aprovecha una estancia de tres días que hacemos en tal puerto para tratar de ascender a la cima del San Pedro. Los bosques, en esos parajes, son algo diferentes de los que se encuentran en las partes septentrionales de la isla. Los peñascos están formados de micasquisto (micasita), lo que es causa de que no haya playa y que el roquedal se hunda perpendicularmente en el mar. El paisaje recuerda mucho más el de Tierra del Fuego que el de los otros lugares de Chiloé. Es en vano que tratemos de alcanzar la cumbre de la montaña: la selva es tan impenetrable, que quien no la haya visto no puede figurarse aquella maraña de árboles muertos y murientes. Puedo afirmar que a menudo y durante más de diez minutos no hemos tocado el suelo, algunas veces nos hallábamos a 10 o 15 pies [3,05 o 4,57 metros] de él tanto, que los marinos se divertían indicando las profundidades. Otras veces nos veíamos obligados a arrastrarnos a gatas para pasar por debajo de un tronco de árbol podrido. En las partes inferiores de la montaña se ven bellos *Drimys winteri*, un laurel que se parece al sasafrás[9] con hojas aromáticas, y árboles de los que no sé el nombre, ligados unos a otros por una especie de bambú rastrero. Allí nos encontramos en la misma situación que el pez en la red.

Más arriba, en la cúspide de la montaña, los matorrales reemplazan a los grandes árboles, pero aún se encuentran allí un cedro rojo o un pino alerce. Me juzgué dichoso también de encontrar de nuevo, a una elevación de algo menos de 1.000 metros, a nuestra vieja amiga el haya meridional. Pero estas no son aquí sino pobres árboles achaparrados y, según creo, es este su límite septentrional. En la imposibilidad de avanzar, renunciamos a efectuar la ascensión a la áspera cumbre del San Pedro.

8. El archipiélago de los Chonos

10 DE DICIEMBRE. La yola y la ballenera, al mando del Señor Sulivan, continúan sondeando las costas de Chiloé, pero yo permanezco a bordo de la Beagle, que abandona al día siguiente San Pedro para dirigirse hacia el sur. El 13 penetramos en una bahía situada en la parte meridional de Guayatecas o archipiélago de los Chonos; fue una suerte para nosotros; porque al siguiente día estalló una terrible tempestad, digna en todos sus puntos de las de Tierra del Fuego. Inmensas masas de nubes blancas se amontonan sobre un cielo azul obscuro y fajas de vapores negros y dentellados las atraviesan incesantemente. Las cadenas de montañas no se nos aparecen ya sino como sombras y el sol poniente proyecta sobre las selvas una luz amarilla que se parece mucho a la que puede dar una lámpara de alcohol. El agua está blanca de espuma y el viento sopla siniestramente a través de los cordajes del navío; es en suma

---

[9]   Árbol americano de la familia de las Lauráceas.

una escena terrible, pero sublime. Durante algunos minutos aparece un espléndido arco iris, y es muy curioso observar el efecto del rocío marino; que transportado por el viento junto a la superficie del mar, transforma el semicírculo ordinario en un círculo completo; una faja de los colores del prisma parte de los dos extremos del arco ordinario y atraviesa la bahía para venir a juntarse al navío, formando así un anillo irregular, pero casi completo. Permanecemos en tal lugar tres días. El tiempo continúa siendo muy malo, pero eso nos importa poco, porque es casi imposible circular por esas islas. La costa es tan accidentada, que tratar de pasearse, en cualquier dirección que sea, es querer entregarse a una continua gimnasia en las agudas puntas de las rocas de micasquisto; en cuanto a la tierra, algo más unida, está cubierta de selvas tan espesas que todos mostramos en el rostro, en las manos, en una palabra en todo el cuerpo, las huellas de los esfuerzos que hemos hecho para penetrar en sus soledades.

Archipiélago de los Chonos con volcanes en el horizonte.
Inside Chonos Archipelago with volcanoes in the background.

9. *La península de Tres Montes*

18 DE DICIEMBRE. Volvemos al mar. El 20 decimos adiós al sur y, favorecidos por un buen viento, ponemos proa al norte. A par-

tir del cabo de Tres Montes[10], nuestro viaje continúa muy agradablemente a lo largo de una costa elevada, notable por lo accidentado de sus colinas, recubiertas de selvas que crecen hasta sus flancos cortados casi a pico. Al siguiente día descubrimos un puerto que, en tan peligrosa costa, podría ser muy útil a un navío en apuros. Fácilmente puede reconocérsele por una colina de 1.600 pies [488 metros] de altitud, más perfectamente cónica aún que la famosa montaña de Río de Janeiro denominada Pan de Azúcar. Anclamos en ese puerto y me aprovecho de nuestra estancia para efectuar la ascensión a dicha colina. Es esa una excursión muy penosa, porque los flancos son en tal manera abruptos, que en ciertos lugares me veo obligado a trepar a los árboles. Me es preciso también atravesar muchos campos de fucsias de admirables flores colgantes, pero donde no puede uno arrastrarse sino difícilmente. Se experimenta una gran sensación de placer al alcanzar la cumbre de una montaña, cualquiera que sea, en estos desolados paisajes. Se tiene la vaga esperanza de ver alguna cosa extraña, esperanza a menudo decepcionada, pero que, sin embargo, me impulsa siempre hacia adelante. Cada cual conoce, por otra parte, el sentimiento de orgullo y de triunfo que un paisaje magnífico, visto desde gran altura, hace nacer en el espíritu; además, en estas comarcas poco frecuentadas, un poco de vanidad viene a unirse a ese sentimiento; uno se dice, en efecto, que quizá es el primer hombre que haya puesto el pie en aquella cumbre o que haya admirado tal espectáculo.

Se experimenta siempre un inmenso deseo de saber si otro ser humano ha visitado ya un lugar poco frecuentado. Si por ejemplo, se encuentra un trozo de madera en el cual hay clavado un clavo, se le estudia con tanto cuidado como un jeroglífico. Lleno de ese sentimiento, me detengo, vivamente interesado, ante un montón de hierbas bajo unas rocas salientes, en un retirado lugar de esa costa salvaje. Ese montón de hierbas, seguramente, ha servido de lecho; cerca se encuentran los restos de un fuego y el hombre que habitó tal lugar se sirvió de un

---

[10] Península y cabo Tres Montes: 47° de latitud Sur.

hacha. El fuego, el lecho, la elección del emplazamiento, todo indica la finura y destreza de un indio; pero, sin embargo, no puede ser un indio, porque en esta parte del país la raza está extinguida gracias a los cuidados que tuvieron los católicos de transformar a la vez a los indios en cristianos y en esclavos. Llego a la conclusión de que el hombre que hizo este lecho en este lugar salvaje debe de ser algún pobre marinero náufrago que, durante su viaje a lo largo de la costa, descansó allí durante una triste noche.

10. Marinos náufragos

28 DE DICIEMBRE. El tiempo continúa muy malo, pero no obstante continuamos sondeando la costa. Las horas se nos hacen larguísimas; pero lo demás es siempre lo que sucede cuando tempestades horribles impiden avanzar. Al atardecer descubrimos otro puerto, en el cual penetramos. Apenas habíamos echado el ancla, cuando vemos a un hombre que nos hace señas con una camisa; se bota al mar una lancha y no tarda en traer dos marineros. Seis de estos habían desertado de un ballenero americano y desembarcado un poco al sur del lugar donde nos encontrábamos; una ola había roto bien pronto su canoa y desde hacía quince meses erraban por la costa sin saber dónde se encontraban ni hacia qué lugar dirigir sus pasos. ¡Qué suerte para ellos que nosotros descubriéramos aquel puerto! Sin eso hubieran ido errando hasta su vejez por aquella costa salvaje y hubieran acabado por encontrar la muerte. Habían sufrido mucho y uno de sus compañeros se había matado al caer desde lo alto de un acantilado. Algunas veces se veían obligados a separarse para encontrar alimentos, y esa era la razón del solitario lecho que yo había descubierto. Luego de haber escuchado el relato de sus sufrimientos, quedé asombrado al ver que habían calculado tan bien el tiempo que solo estaban equivocados en cuatro días.

11. Sierra granítica en el cabo Tres Montes

30 DE DICIEMBRE. Anclamos en una encantadora y pequeña bahía al pie de algunas elevadas colinas, cerca de la extremidad

septentrional de Tres Montes. Al día siguiente, después del desayuno, efectuamos la ascensión a una de esas montañas, que tiene 2.400 pies [732 metros] de altitud. La vista es admirable. La mayor parte de esa cadena está compuesta de grandes masas de granito; masas sólidas y abruptas que parecen contemporáneas del principio del mundo. El granito está recubierto de micasquisto, que, en el transcurso de los tiempos, se ha recortado en puntas extrañas. Esas dos capas, tan diferentes por sus formas exteriores, se parecen en una cosa: en la ausencia de toda vegetación. Acostumbrados desde tanto tiempo a ver desarrollarse a nuestra vista un espesísimo bosque de árboles de color verde obscuro, no sin asombro contemplamos ese paisaje desnudo. La formación de estas montañas me interesa mucho. Esta elevada y tan complicada cadena tiene un magnífico aspecto de antigüedad, pero es tan inútil al hombre como a los demás seres. El granito tiene un atractivo muy particular para el geólogo. Además de que está muy extendido y de que su grano es bello y muy compacto, pocas rocas han dado lugar quizá a más discusiones acerca de su origen. Vemos que de ordinario constituye la roca fundamental y, cualquiera que sea su origen, sabemos que es la capa más profunda de la corteza terrestre hasta la que el hombre ha podido penetrar. El punto extremo de los conocimientos humanos en un tema, sea el que sea, ofrece siempre un inmenso interés, interés tanto mayor cuanto que nada o casi nada le separa del reino de la imaginación[11].

12. Terrible tempestad. Focas

1º DE ENERO DE 1835. El año nuevo principia de una manera digna de esas regiones. No nos hace falsas promesas de bonanza, pues nos vemos asaltados por una terrible tempestad del noroeste, con acompañamiento de una lluvia diluviana. Pero, gracias a Dios, no estamos destinados a ver terminar aquí el año; esperamos estar entonces en medio del océano Pacífico, allí donde una bóveda azulada dice que hay un cielo, algo por encima de las nubes que se ciernen sobre nuestras cabezas.

[11] Estas rocas graníticas son las más jóvenes de América.

Los vientos del noroeste soplan durante cuatro días; con grandes trabajos logramos atravesar una vasta bahía y anclamos en otro puerto. Acompaño al capitán, que ha tomado una canoa para explorar una ensenada profunda. Jamás he visto tan gran número de focas. Recubren literalmente todo espacio un poco llano sobre las rocas y a orillas del mar. Por otra parte, parecen tener muy buen carácter, pues están amontonadas unas contra otras y dormidas como otros tantos cerdos; pero aun a estos mismos les hubiera dado vergüenza vivir en tan gran suciedad y oliendo tan mal. Cantidades innumerables de buitres las vigilan con gran atención. Esas repugnantes aves, de cabeza desnuda y color escarlata, adecuada para sumergirse deleitosamente en la carroña, abundan en la costa occidental, y el cuidado con que vigilan a las focas indica en qué confían para alimentarse. El agua, pero probablemente solo en la superficie, es dulce; eso proviene del gran número de torrentes que, en forma de cascadas, se precipitan en el mar desde lo alto de las montañas graníticas. El agua dulce atrae a los peces y estos atraen a su vez a un gran número de golondrinas de mar, gaviotas y dos especies de cuervos marinos. Vemos también una pareja de magníficos cisnes de cuello negro y muchas de esas pequeñas nutrias cuya piel es tan estimada. A nuestro regreso, nos divertimos mucho viendo centenares de focas jóvenes y viejas precipitarse impetuosamente al mar a medida que pasa nuestra canoa. Pero no permanecen mucho tiempo bajo el agua; vuelven casi inmediatamente a la superficie y nos siguen con el cuello tendido dando pruebas de la más profunda sorpresa.

13. *Puerto Low*[12]. *Patata [papa] silvestre*

7 DE ENERO. Después de haber sondeado toda la costa, echamos anclas cerca de la extremidad meridional del archipiélago

---

[12]   Puerto Low queda en la isla Guaiteca frente a la isla Marta y sus coordenadas son 43°48'40" latitud S. y 74°00'30" longitud W., según carta 718 del Instituto Hidrográfico de la Armada de Chile.

de los Chonos, en el puerto de Low, y allí permanecemos una semana. Estas islas, lo mismo que la de Chiloé, están compuestas de capas estratificadas muy blandas y la vegetación en ellas es admirable. Los árboles avanzan hasta el mar. Desde el lugar en que estamos anclados vemos los cuatro grandes conos nevados de la cordillera, incluso el famoso Corcovado; pero en esta latitud, la misma cadena tiene tan poca elevación, que apenas si podemos columbrar algunas crestas por encima de los islotes vecinos. Encontramos aquí un grupo de cinco hombres de Caylén (Cailin), "el fin de la cristiandad", que, para venir a pescar en estos parajes, se han aventurado a atravesar en su miserable canoa el inmenso brazo de mar que separa Chonos de Chiloé. Probablemente estas islas se poblarán muy pronto, como se han poblado las cercanas a la costa de Chiloé.

La patata [papa] silvestre crece en abundancia en estas islas en el suelo arenoso lleno de conchas, a orillas del mar. La planta más alta que he visto tenía cuatro pies [1,22 metros] de altura. Los tubérculos son de ordinario pequeños; he encontrado algunos, sin embargo, de forma oval, que tenían dos pulgadas de diámetro; se parecen en todo a las patatas [papas] inglesas y hasta tienen el mismo sabor; pero cuando se las hierve, se reducen mucho y tienen un gusto acuoso e insípido, aunque no amargo. No hay que dudar que la patata [papa] no sea indígena en estas islas. Se la encuentra, según Low, hasta los 50° de latitud Sur, y los indios de estas regiones le dan el nombre de *aquinas*; los de Chiloé la denominan de otro modo. El profesor Henslow, que ha examinado las muestras desecadas que llevé a Inglaterra, sostiene que esas patatas (papas) son idénticas a las descritas por Sabine [1], de Valparaíso, pero que forman una variedad que algunos botánicos consideran como diferente. Es de notar que la misma planta se encuentra en las estériles montañas del Chile central, donde no cae ni una gota de agua durante más de seis meses, y en las húmedas selvas de estas islas meridionales.

14. Plantas que forman la turba

En las partes centrales del archipiélago de los Chonos, a los 45° de latitud S., las selvas tienen casi el mismo carácter que las que se extienden a lo largo de la costa durante más de 600 millas [965 kilómetros] hasta el cabo de Hornos. No se encuentran las gramíneas arborescentes de Chiloé; pero, por otra parte, el haya de Tierra del Fuego alcanza un desarrollo considerable y constituye una gran parte de la selva. Sin embargo, no reina tan exclusivamente como más lejos, al sur. Las plantas criptógamas encuentran aquí un clima que les conviene perfectamente. En el estrecho de Magallanes, como ya lo hice notar, el país parece ser demasiado frío y húmedo para que se desarrollen bien; pero en estas islas, en el interior de las selvas, la variedad de las especies de musgos, de líquenes y de pequeños helechos, así como su gran abundancia, es cosa verdaderamente extraordinaria [2]. En Tierra del Fuego los árboles no crecen sino en las laderas de las colinas, estando recubiertos todos los lugares llanos por una capa de turba; en Chiloé, al contrario, las más magníficas selvas están en los sitios llanos. El clima del archipiélago de los Chonos se parece más al de Tierra del Fuego que el de las partes septentrionales de Chiloé; todos los lugares a nivel están, en efecto, recubiertos por dos especies de plantas: la *Astelia pumila* y la *Donatia magellanica* (*Donatia fascicularis, Donati o donacia*), que, al podrirse, forman una espesa capa de turba elástica. En Tierra del Fuego, en los lugares situados por encima de la región de las selvas, la primera de esas plantas, eminentemente sociables, es el agente principal de la producción de la turba. Hojas nuevas se suceden de continuo alrededor del tallo central como en torno de un eje; las hojas inferiores se pudren pronto y si se abre la turba para seguir el desarrollo del tallo, pueden observarse las hojas aún en su sitio y en todos los estados de descomposición hasta que tallo y hojas se confunden en una masa confusa. Otras plantas acompañan a la *astelia*; aquí y allá puede verse un pequeño mirto o mutilla rastrero (*Myrtus nummularia*) que tienen un tallo leñoso como nuestro arándano y que ofrece bayas azucaradas; un empetro (*Empetrum rubrum*), semejante a nuestro brezo, y un junco (*Juncus grandiflorus*), son casi por lo demás, las únicas plantas que crecen en estos terrenos pantanosos. Esas plantas, aunque se parecen mucho a las especies inglesas de los mismos géneros, son sin embargo diferentes. En las partes más altas del país, la superficie de la turba está entrecortada por pequeñas charcas de agua situadas a diferentes altitudes y que parecen ser excavaciones artificiales. Fuentes que discurren bajo el suelo completan la desorganización de las materias vegetales y consolidan el todo.

El clima de la parte meridional de América parece particularmente favorable a la producción de turba. En las islas Falkland [Malvinas], casi todas las plantas, incluso la áspera hierba que recubre casi toda la superficie de su suelo, se transforman en esa substancia en la que nada detiene su desarrollo; algunas capas de turba tienen hasta doce pies [3,66 metros] de espesor, y las partes inferiores llegan a ser tan compactas, cuando se las hace secar, que es difícil hacerlas arder. Aunque, como acabo de decir, todas las plantas se transforman en turba, es sin embargo la astelia la que constituye la mayor parte de la masa. Hecho notable cuando se considera lo que ocurre en Europa: jamás he visto en la América meridional que el musgo contribuya con su descomposición a que se forme turba. En cuanto al límite septentrional del clima que permite la lenta descomposición necesaria a la producción de la turba, creo que en Chiloé (41 a 42 grados de latitud Sur) no hay turba bien caracterizada, aunque existen allí muchos pantanos: en las islas Chonos, al contrario, 3 grados más al sur, acabamos de ver que existe en abundancia. En la costa oriental, en la provincia del Plata, a los 35° de latitud, un residente español que había visitado Irlanda me ha dicho que a menudo había buscado esa substancia, pero sin poder hallarla. Me mostró, como lo que había encontrado más análogo un terreno turboso negruzco, repleto de raíces, de modo que permitía una combustión lenta e imperfecta.

15. Zoología del archipiélago de los Chonos

Téngase en cuenta que la zoología de estos pequeños islotes que constituyen el archipiélago de los Chonos es extremadamente pobre. Dos especies de cuadrúpedos acuáticos son las más comunes: el *Myopotamus coypus* (especie de castor, pero con la cola redonda [coipo]) cuya bella piel, bien conocida, da lugar a un considerable comercio en toda la cuenca del Plata. Pero aquí frecuenta exclusivamente el agua salada; hemos visto que el gran roedor, el capybara, hacía otro tanto. Abunda mucho también una pequeña nutria de mar; este animal no se alimenta exclusivamente de peces, sino que, como las focas, persigue a un pequeño cangrejo rojo que va formando tropillas cerca de la superficie del agua. Míster Bynoe ha visto en Tierra del Fuego una de esas nutrias mientras devoraba una jibia; en el puerto de Low dimos muerte a otra que conducía a su madriguera una gran concha. En cierto lugar cacé en una trampa a un extraño ratoncito (*M. brachiotis* [*olivácea*]); este parece ser común en varios islotes, pero los habitantes de Chiloé, en puerto Low, me dijeron que jamás habían visto tal animal en dicha isla. ¡Qué serie de casualidades [3], o qué cambios de nivel han debido de producirse para que esos animalitos se hayan extendido en este archipiélago tan profundamente desmembrado!

Chiloé: Abriendo paso en la foresta.
Forest scene.

16. Pájaros[13]. Cheucau (chucao), guid-guid (hued-hued)

En todos los lugares de Chiloé y de los Chonos se encuentran dos aves muy extrañas afines al turco y al tapaculo del Chile central, y que los reemplazan en estas islas. Los habitantes denominaban a uno de ellos cheucau (chucao, pájaro de los presagios) (*Pteroptochos rubecula*); frecuenta los lugares más sombríos y más retirados de las húmedas selvas. Algunas veces se oye el grito del cheucau a dos pasos, pero, por mucho que se busque, no se ve al pájaro; otras veces es suficiente permanecer inmóvil durante algunos instantes para que el cheucau se adelante hasta pocos pies del observador en la forma más familiar. Después se marcha con la cola levantada, dando saltitos por en medio de la masa de troncos podridos y ramajes. Los variados y extraños gritos del cheucau inspiran un temor supersticioso a los habitantes de Chiloé. Este pájaro lanza tres gritos bien distintos: a uno se le llama el *chiduco*, y es un presagio de felicidad; otro, el *huitreu*, muy mal augurio; del tercero he olvidado el nombre. Esas palabras imitan el sonido producido por el pájaro, y, en ciertas circunstancias, los habitantes de Chiloé se dejan llevar por completo por tales presagios; pero hay que confesar que han elegido como profeta al ser más cómico que imaginarse pueda. Los habitantes denominan guid-guid (hued-hued, pájaro ladrador) (*Pteroptochos tarnii*) a una especie afín, pero algo ·mayor; los ingleses le han dado el nombre de pájaro ladrador. Este nombre es característico, porque desafío a quien quiera que sea a que tome por otra cosa que por el ladrido de un perrito en la selva, la primera vez que lo oiga, al grito de tal pájaro. Lo mismo que el cheucau, se oye alguna vez al guid-guid a dos pasos sin poder verle, y también se aproxima en ocasiones sin demostrar el menor temor. Se alimenta como el cheucau; por lo demás, esos dos pájaros tienen costumbres semejantes.

---

[13] "En la boscosa isla de Chiloé, donde el clima es tan húmedo, ese pajarito (*Trochilus forticatus*, picaflor gigante), que se posa aquí y allá sobre el follaje humedecido, abunda quizá más que cualquier otra especie". Cita de *Darwin en Chile*, Editorial Universitaria 1996, pág.151.

En la costa [4] se encuentra frecuentemente un pajarito negruzco (*Opetiorhynchus patagonicus* [churrete]), que tiene costumbres muy tranquilas y vive siempre a orillas del mar, como la gallineta. Aparte de esos pájaros son poquísimos los que hay de otras especies. En las notas tomadas por mí en tal lugar describo los ruidos extraños que a menudo se oyen en esas sombrías selvas, pero que apenas si logran turbar el silencio general. Tan pronto se escucha el ladrido del guid-guid como el huitreu del cheucau, y algunas veces también el grito del pequeño reyezuelo negro de Tierra del Fuego; el trepador (*Oxyurus*) acompaña con sus silbidos a cualquiera que se atreva a penetrar en la selva; de vez en cuando se ve pasar como un relámpago al pájaro-mosca, que salta de un lado a otro como un insecto, dejando oír su agudo grito; en fin, desde lo alto de cualquier elevado árbol cae la nota distinta y quejumbrosa de la muscívora tirana del blanco moño (*Myiobius* [fíofío]). La gran preponderancia, en la mayoría de los países, de ciertos géneros comunes de pájaros, tales como los gorriones, por ejemplo, hace que se experimente al principio alguna sorpresa al darse cuenta de que las especies de que acabo de hablar son los pájaros más comunes en una región. Se encuentran rara vez, es verdad, dos de esas especies: el *Oxyurus* y el *Scytalopus*, en el Chile central. Cuando, como en ese caso, se encuentran animales que parecen desempeñar un papel tan insignificante en el gran plan de la Naturaleza, tiende uno a preguntarse con qué fin han sido creados. Pero es preciso acordarse siempre de que esos mismos son quizá, en otras regiones, miembros esenciales de la sociedad, o que en otras épocas quizá desempeñaron un papel importante. Si América, al sur del 37° de latitud Sur, desapareciera bajo las aguas del océano, esos dos pájaros podrían continuar existiendo durante largo tiempo en Chile central, pero es muy improbable que su número pudiera aumentar. En eso tendríamos un ejemplo de lo que ha debido de ocurrir con muchos animales.

17. Petreles[14]

Frecuentan estos mares meridionales muchas especies de petreles; la especie mayor, *Procellaria gigantea* (petrel gigante) (el quebrantahuesos, de los españoles), se encuentra constantemente en los brazos de mar que separan las diferentes islas y en alta mar. Se parece mucho al albatros, por sus costumbres y por su manera de volar; y lo mismo que aquel puede observársele durante horas enteras sin llegar a averiguar de qué se alimenta. Ese petrel es, sin embargo, un ave voraz, porque algunos oficiales vieron uno, en puerto San Antonio, que perseguía a un somorgujo; este trató de escapar buceando y volando, pero a cada instante el petrel se precipitaba sobre él y acabó por darle muerte de un picotazo en la cabeza. En el puerto San Julián se ha visto a esos grandes petreles dar muerte y devorar gaviotas jóvenes. Una segunda especie (*Puffinus cinereus*), que se encuentra en Europa, en el cabo de Hornos y en la costa del Perú, es mucho más pequeño que el *Procellaria gigantea*, pero como aquel, es de color negro sucio. Esta ave se reúne en bandadas y frecuenta los estrechos; no creo haber visto jamás bandada más considerable de aves que una formada por esos petreles detrás de la isla de Chiloé. Centenares de miles de ellos volaron durante muchas horas en una misma dirección, formando una línea irregular. Cuando una parte de esa bandada se posó sobre el agua para descansar, la superficie del mar se puso negra y se oyó un ruido confuso, tal como el que se eleva de una gran muchedumbre de hombres a cierta distancia.

Hay otras muchas especies de petreles; no citaré más que uno, el *Pelacanoides berardi* (pato yunco), ejemplo de esos casos extraordinarios de un ave que pertenece evidentemente a una familia bien determinada, y que, sin embargo, por sus costumbres y su conformación, se reúne a una tribu enteramente distinta. Esa ave jamás abandona las bahías interiores y tranquilas. Cuando se la persigue, se sumerge, después sale del agua a una cierta distancia por una especie de impulso, y levanta el

---

[14]   Petrel: ave palmípeda marina propia de los mares fríos.

vuelo; este es continuo, rápido y en línea recta durante un cierto lapso; después, de pronto, el ave se deja caer al agua como si acabara de recibir un golpe mortal y se sumerge de nuevo. La forma del pico y de las narices de ese pájaro, la longitud de sus patas, el color mismo de su plumaje, prueban que es un petrel; por otra parte, sus alas cortas y, por consiguiente, su potencia de vuelo, tan limitada, la forma de su cuerpo y de su cola, la ausencia de pulgar en sus patas, su costumbre de bucear, la elección de su habitación, le aproximan singularmente al alca[15]. Verdaderamente puede ser tomado por uno de estos cuando se le ve a cierta distancia, tanto si se sumerge como si nada tranquilamente en los distantes canales de Tierra del Fuego.

18. *San Carlos de Ancud. El volcán Osorno en erupción*

El 15 DE ENERO DE 1835 salimos del puerto de Low, y tres días más tarde echamos el ancla por segunda vez en la bahía de San Carlos, en la isla de Chiloé. Durante la noche del 19 el volcán de Osorno se pone en erupción. A medianoche, el centinela observa algo que se parece a una gran estrella; esta aumenta a cada instante, y a las tres de la madrugada asistimos al más magnífico de los espectáculos. Con ayuda del telescopio, vemos en medio de espléndidas llamas rojas, negros objetos proyectados incesantemente al aire, que después caen. El fulgor es suficiente para iluminar el mar. Por lo demás, parece que los cráteres de esta parte de la cordillera dejan escapar a menudo masas de materias en fusión. Me aseguran que, durante las erupciones del Corcovado, grandes masas son proyectadas a inmensa altura en el aire; después estallan presentando las formas más fantásticas; esas masas deben de ser considerables, porque se las percibe desde las alturas situadas detrás de San Carlos, que se encuentra a 93 millas [150 kilómetros] del Corcovado. Durante la mañana el volcán recobra su tranquilidad.

---

[15] Alca es un ave del hemisferio norte, familia *Alcides*. Darwin la llama "auk".

He quedado muy sorprendido al saber más tarde que el Aconcagua, en Chile, 480 millas [772 kilómetros] más al norte, se puso en erupción durante la misma noche, y me asombré más aún al llegar a mí noticias de que la gran erupción del Coseguina[16] (2.700 millas [4.344 kilómetros] al norte del Aconcagua), erupción acompañada de un terremoto que se hizo sentir en un radio de 1.000 millas, había tenido lugar seis horas después. Esa coincidencia es tanto más notable cuanto que, desde hacía veintiséis años, el Coseguina no había dado signo alguno de actividad y una erupción del Aconcagua es cosa muy rara. Es difícil aventurarse incluso a conjeturar si esa coincidencia es accidental o si hay que ver en ello la prueba de alguna comunicación subterránea. Se podría suponer una coincidencia de erupciones del Vesubio, el Etna y en Islandia el Heda (que relativamente están más cerca unos de otros que los volcanes de la América del Sur de que acabo de hablar) durante la misma noche; pero ese hecho es aún más notable en la América del Sur, donde los tres volcanes forman parte de la misma cadena de montañas, donde las vastas llanuras que bordean la costa oriental entera y las conchas recientes levantadas en una longitud de más de 2.000 millas [3.220 kilómetros], en la costa occidental, prueban con cuánta igualdad actuaron las fuerzas elevadoras.

El capitán Fitz-Roy, deseando obtener datos exactos acerca de algunos puntos de la costa occidental de Chiloé, convino conmigo en que me dirigiría a Castro con el señor King, y que desde allí atravesaríamos la isla para ir a la Capilla de Cucao, situada en la costa occidental. Nos procuramos un guía y caballos y nos pusimos en camino el 22 por la mañana. Apenas partimos se nos reunieron una mujer y dos muchachos que hacían el mismo viaje. En ese país, único quizá de la América del Sur en que se puede viajar sin llevar armas, pronto se entabla conocimiento con los compañeros de ruta.

Al principio, colinas y valles se suceden sin interrupción; pero a medida que nos acercamos a Castro el terreno se hace

---

[16] Volcán de Nicaragua que tuvo efectivamente una gran erupción en 1835.

más llano. La ruta en sí misma es muy curiosa; consiste en toda su longitud a excepción de algunas partes muy espaciadas en grandes trozos de madera que o bien son anchos y se hallan dispuestos en forma longitudinal, o bien son estrechos y están colocados transversalmente. En verano ese camino no es muy malo; pero en invierno, cuando la lluvia ha puesto resbaladiza la madera, se hace muy difícil viajar por él. En esa época del año reina el lodo a ambos lados del camino, que a menudo queda también cubierto por las aguas; se está, pues, obligado a consolidar los largueros longitudinales amarrándolos a postes hundidos en el suelo a cada lado del camino. Una caída de caballo en esas condiciones se hace muy peligrosa, porque se está muy expuesto a caer sobre esos postes. Verdad es que la costumbre de atravesar tales caminos ha hecho singularmente activos a los caballos de Chiloé, y es muy interesante ver con qué facilidad, casi como un perro, saltan de una a otra traviesa en los lugares en que han sido desplazadas.

Grandes árboles, cuyos troncos están recubiertos y unidos unos a otros por plantas trepadoras, forman una verdadera muralla a cada lado del camino. Algunas veces se ve una larga extensión de esa avenida, y entonces ofrece esta un espectáculo realmente curioso por su misma uniformidad; la línea blanca constituida por los maderos parece irse estrechando y acaba por desaparecer, oculta en las sombrías espesuras de la selva, o bien termina en zigzag cuando asciende por aquella colina.

Aunque no hay sino 12 leguas [67 kilómetros] desde San Carlos a Castro, la construcción de ese camino ha debido de ser un trabajo penoso. Se me ha afirmado que en otros tiempos muchas personas habían perdido la vida al tratar de atravesar la selva. Un indio fue el primero que consiguió efectuar ese viaje abriéndose paso hacha en mano, y empleó ocho días en llegar a San Carlos. El gobierno español le recompensó con una concesión de tierras. Durante el verano, muchos indios van errantes por las selvas, principalmente en las partes más elevadas de la isla, allí donde los árboles no están tan espesos; van a la búsqueda de los ganados semisalvajes que comen las hojas de las cañas y de ciertos árboles. Uno de esos cazadores fue el que descubrió por azar, hace algunos años, a la tripulación de un navío inglés que se había perdido en la costa occidental; las provisiones empezaban a agotarse, y probablemente, sin la ayuda de aquel hombre, jamás habrían podido salir de aquellos bosques casi impenetrables; un marinero murió de fatiga por el camino. Los indios, durante sus excursiones, regulan su marcha según la posición del sol, de tal suerte que si el tiempo está cubierto se ven obligados a detenerse en espera de la aparición del rutilante astro que iluminará su camino.

Hace un tiempo admirable; un gran número de árboles cargados de flores perfuman el ambiente; sin embargo, apenas si basta eso para disipar el efecto que causa la humedad de esos bosques. Además, los numerosos troncos de los árboles muertos, erguidos como otros tantos esqueletos, dan siempre a esas selvas vírgenes un carácter de solemnidad que no se encuentra en las de los países civilizados desde hace mucho tiempo. Poco después de la puesta del sol establecemos el vivac para pasar la noche. La mujer que nos acompaña es en conjunto bastante linda; forma parte de una de las familias más respetables de

Gente en la plaza frente a la vieja iglesia de Castro, Chiloé.
People at the old church square, Castro, Chiloé.

Castro, lo cual no impide que monte a caballo lo mismo que un hombre; por lo demás, no lleva ni medias ni zapatos, y estoy sorprendido de su carencia de orgullo. Su hermano la acompaña y cuentan con provisiones; pero, a pesar de ello, nos miran comer con tal aire de envidia, que acabamos por alimentarnos fuera de la vista de nuestros compañeros de viaje. Durante la noche no se ve ni una sola nube en el cielo; así podemos disfrutar del admirable espectáculo que producen las innumerables estrellas que iluminan las profundidades de la selva.

19. Excursión a caballo a Castro y Cucao. Familias indígenas

23 DE ENERO. Nos levantamos muy temprano, y a las dos llegamos a la pequeña y bonita ciudad de Castro. El antiguo gobernador había muerto después de nuestra anterior visita y un chileno había ocupado su lugar. Éramos portadores de una carta de presentación para don Pedro, que se mostró muy bueno, muy amable, muy hospitalario y más desinteresado de lo que se acostumbra en esta parte del continente. Al día siguiente, don Pedro nos proporciona caballos y se ofrece a acompañarnos en persona. Nos dirigimos hacia el sur, siguiendo casi constantemente la costa; atravesamos muchos caseríos, y en cada uno de los cuales vemos una gran iglesia construida de madera y muy semejante a un granero. Llegados a Villipilli [Vilopulli], don Pedro pide al comandante que nos procure un guía que nos conduzca a Cucao. El comandante es un anciano; sin embargo, se nos ofrece a servirnos él mismo de guía; pero eso no es sino después de larga conferencia, porque apenas puede comprender que dos ingleses tengan realmente la intención de ir a visitar un lugar tan apartado como Cucao. Los dos mayores aristócratas del país nos acompañan, pues, y eso es fácil de verlo por la conducta de los indios respecto a ellos. En Chonchi volvemos la espalda a la costa para hundirnos en las tierras; seguimos senderos apenas trazados, atravesando tan pronto magníficas selvas, como lindos lugares cultivados donde abundan el trigo y las patatas [papas]. Este país boscoso, accidentado, me recuerda los lugares menos cultivados de Inglaterra, lo cual no deja de causarme una cierta emoción.

En Villinco [Huillinco], situada a orillas del lago de Cucao, no hay sino algunos campos de cultivo; esa aldea parece habitada exclusivamente por indios. El lago tiene 12 millas de longitud y se extiende de este a oeste. A causa de circunstancias locales, la brisa del mar sopla muy regularmente durante la jornada y la calma completa reina durante la noche; esta regularidad ha dado lugar a las más increíbles exageraciones; porque, a creer las descripciones que de ese fenómeno se nos han hecho en San Carlos, nos hallamos ante un verdadero prodigio.

El camino que conduce a Cucao es tan malo que nos decidimos a embarcarnos en una piragua. El comandante ordena a seis indios que se preparen a conducirnos al otro lado del lago, sin dignarse decirles si les pagará por su molestia. La piragua es una embarcación muy primitiva y muy extraña, pero la tripulación es más extraña aún; dudo de que se hayan encontrado reunidos jamás en un mismo barco seis hombres más feos. Me apresuro a agregar que reman muy bien y con mucho ardor. El jefe de la tripulación charla de continuo en indio; no se interrumpe sino para lanzar gritos extraños que se parecen mucho a los que da un porquerizo que quiere hacer que marchen delante de él sus animales. Partimos con una ligera brisa de proa, lo cual nos impide llegar antes de que se haga de noche a la Capilla de Cucao. A ambos lados del lago la selva reina sin interrupción alguna. Se había embarcado con nosotros una vaca. Hacer entrar un animal tan grande en un barco tan pequeño parece a primera vista que ofrece una gran dificultad; pero los indios la vencen, hay que confesarlo, en un minuto. Conducen la vaca al borde del barco, después le colocan por debajo del vientre dos remos cuyos extremos se apoyan en la borda; con ayuda de tales palancas, derriban al pobre animal, con la cabeza hacia abajo y las patas al aire, en la canoa, donde lo amarran con cuerdas. En Cucao encontramos una choza deshabitada; es la residencia del padre cuando viene a visitar esta capilla; nos hacemos inquilinos de esta habitación, encendemos fuego, guisamos nuestra cena y pronto nos encontramos verdaderamente a gusto.

El distrito de Cucao es el único punto habitado de toda la costa occidental de Chiloé. Contiene unas treinta o cuarenta familias indias, esparcidas sobre cuatro o cinco millas de la costa. Esas familias se encuentran totalmente separadas del resto de la isla, y por eso efectúan poquísimo comercio; venden, no obstante, algo de aceite de foca. Estos indios se hacen sus propios vestidos y van bastante bien ataviados; disponen de alimentos en abundancia y, sin embargo, no parecen hallarse satisfechos; son tan humildes como es posible serlo. Sus sentimientos provienen, a mi parecer, de la dureza y brutalidad de las autoridades locales. Nuestros acompañantes, muy corteses con nosotros, trataban a los indios como a esclavos más bien que como a hombres libres. Les ordenaban que nos trajeran provisiones y nos entregaran sus caballos, sin dignarse decirles lo que les pagarían, ni siquiera si se les pagaría algo. Nosotros, que permanecimos tan solo con esos pobres una mañana, pronto nos hicimos amigos dándoles cigarros y mate. Se repartieron en partes iguales un terroncito de azúcar y todos gustaron de él con la mayor curiosidad. Después los indios nos expusieron numerosos motivos de queja, acabando siempre por decir: "Nos tratan así porque somos pobres indios ignorantes; pero eso no ocurría cuando teníamos un rey".

Al día siguiente, después de almorzar, fuimos a visitar Punta Huantamo, situada algunas millas más al norte. El camino bordea una playa muy ancha, en la cual, a pesar de una larga serie de días buenos, la mar rompe con furia. Me dicen que, durante una gran tempestad, los mugidos del mar se oyen durante la noche en Castro, a 21 millas marinas de distancia, a través de un territorio montañoso y lleno de bosques. Tan malos son los caminos, que experimentamos no pocas dificultades para llegar al lugar que queríamos visitar: en efecto, así que el sendero se encuentra sombreado por los árboles, se transforma en un verdadero pantano. Punta Huantamo es una escarpada colina rocosa, recubierta de una planta afín, a mi parecer, a la bromelia, y a la que los habitantes denominan chepone [chupones]. Recorriendo esas rocas nos desollamos horriblemente las manos, lo cual no impide que riamos mucho al ver el cuidado que pone nuestro guía indio en levantarse cuanto es posible su pantalón; piensa, sin duda, que su traje es más delicado que su piel. Esta planta tiene un fruto semejante a una alcachofa y contiene un gran número de semillas pulposas, muy estimada aquí por su sabor azucarado y agradable. En el puerto de Low, los habitantes se sirven de ese fruto para preparar chicha o sidra: tan cierto es, como lo hace notar Humboldt, que casi en todas partes el hombre encuentra la manera de preparar bebidas con vegetales. Creo, sin embargo, que los salvajes de Tierra del Fuego y de Australia no han llegado aún a tal grado de civilización.

Al norte de Punta Huantamo la costa se hace más y más abrupta; y está bordeada por una grandísima cantidad de arrecifes sobre los cuales el mar ruge de continuo. Si fuera posible, desearíamos regresar a pie a San Carlos siguiendo esa costa; pero los mismos indios nos aseguran que el camino es impracticable. Agregan que algunas veces se puede ir directamente de Cucao a San Carlos a través de los bosques, pero jamás por la costa. En esas expediciones los indios llevan consigo solo trigo tostado y no comen más que dos veces por día.

20. Regreso a San Carlos. *Quema de selvas*

26 DE ENERO. Reembarcamos en la piragua y atravesamos el lago; después montamos de nuevo a caballo. Los habitantes de Chiloé aprovechan esta semana de buen tiempo extraordinario para quemar sus selvas; por todas partes surgen columnas de humo. Pero, aunque tienen gran cuidado en dar fuego al bosque por muchos sitios a la vez, aún no logran provocar un gran incendio. Almorzamos con nuestro amigo el comandante y no llegamos a Castro sino de noche cerrada. Al día siguiente, por la mañana, partimos muy temprano. Después de una etapa bastante larga llegamos a la cumbre de una colina, desde la que la vista se extiende sobre el bosque, espectáculo muy raro en este país. Por encima del horizonte de los árboles se alza en toda su belleza el volcán Corcovado, y otro volcán de cima plana un poco más al norte; apenas si podemos distinguir otro pico de la gran cadena. Jamás el recuerdo de ese admirable espectáculo se borrará de mi memoria. Pasamos la noche al aire libre bajo un cielo totalmente despejado y a la mañana siguiente llegamos a San Carlos. Ya era tiempo, porque esa misma noche la lluvia empezó a caer a torrentes.

Una vista de San Carlos (Ancud).
A view of San Carlos (Ancud).

21. *Punta Huechucucuy. Lenguaje de los indios. Valdivia*

4 DE FEBRERO. Nos hacemos a la vela. Durante la última semana de nuestra estancia en Chiloé, había efectuado algunas cortas excursiones. Entre otras, había ido a examinar una considerable capa de conchas, pertenecientes a dos especies aún existentes, situada a una altura de 350 pies [106 metros] sobre el nivel del mar; árboles inmensos crecen ahora en medio de tales conchas. Otro día me dirijo a Punta Huechucucuy [Huechucuicui]. Llevaba como guía a un hombre que conocía perfectamente el país; no podíamos atravesar un arroyo, una caleta o una lengua de tierra sin que me diera, con exceso de pormenores, el nombre indio del lugar. Lo mismo que en Tierra del Fuego, el lenguaje de los indios parece adaptarse admirablemente para designar los caracteres más ínfimos del paisaje. Todos estamos encantados de decirle adiós a Chiloé; esta sería, sin embargo, una isla encantadora si las lluvias continuas no produjeran tanta tristeza. En la sencillez y humilde cortesía de sus habitantes hay también algo muy atrayente.

Costeando nos dirigimos hacia el norte; pero hace tan pésimo tiempo, que no llegamos a Valdivia sino en la noche del 8. Al día siguiente, por la mañana, un bote nos conduce a la ciudad, situada a unas 10 millas [16 kilómetros] del puerto. Ascendiendo por el río vemos de vez en cuando algunas chozas y algunos campos cultivados que rompen un poco la monotonía de la selva; también de tiempo en tiempo nos tropezamos con alguna canoa que conduce a una familia india. La ciudad, situada en una llanura al borde del río, se halla tan por completo envuelta por un bosque de manzanos, que las calles vienen a ser como senderos en un vergel. Jamás he visto región donde el manzano se dé tan bien como en esta parte húmeda de la América meridional; en los bordes de las calles se ve un gran número de tales árboles que evidentemente se han sembrado por sí solos. Los habitantes de Chiloé tienen un medio muy cómodo para crear un huerto. En el extremo inferior de casi todas las ramas se encuentra una parte cónica parda y arrugada; esta parte está siempre dispuesta a cambiarse en raíces, como puede verse algunas veces cuando un poco de barro ha sido proyectado por accidente sobre el árbol. Al comienzo de la primavera se elige una rama gruesa poco más o menos como el brazo de un hombre; se corta justo por encima de un grupo de tales puntos, se quitan los restantes brotes y después se la entierra a una profundidad de dos pies [0,61 metros] poco más o menos de la superficie del suelo. Durante el verano siguiente esa raíz produce largos tallos que, a veces, incluso ofrecen ya frutos. Se me ha mostrado una que produjo veintitrés manzanas; pero este es un hecho extraordinario. Al cabo de tres años, esa raíz se ha convertido en un hermoso árbol cargado de frutas, como yo mismo he podido verlo. Un anciano que vivía cerca de Valdivia me dijo: "La necesidad es la madre de la invención" [en castellano en el original], y me lo probó diciéndome todo lo que hacía con sus manzanas. Después de haber elaborado sidra e incluso vino, destilaba la pulpa para procurarse un aguardiente blanco de gusto excelente; empleando otro procedimiento obtenía melaza, o miel, como él la denominaba. Sus hijos y sus cerdos, durante la buena estación, jamás salían de su huerto.

NOTAS

[1] *Horticultural Transactions*, vol. V, pág. 249. El señor Cald-cleugh ha enviado a Inglaterra dos tubérculos que, cultivados con cuidado, desde el primer año produjeron gran número de patatas [papas] y una gran cantidad de hojas. Véase la interesante discusión de Humboldt acerca de esta planta, la cual, al parecer, era desconocida en México. *Political Essay of New Spain*, lib. IV, cap. IX.

[2] Por medio de mi red para insectos, me procuré en estos lugares un número considerable de pequeños insectos pertenecientes a la familia de los *Staphylinidoe* y otros emparentados con el *Pselaphus*, así como pequeños himenópteros. Pero la familia más característica por la gran variedad de sus especies y por el número de sus individuos, en las partes más despejadas de Chiloé y del archipiélago de los Chonos, es la de los *Telephoridoe*.

[3] Dícese que ciertas aves rapaces llevan hasta sus nidos a sus víctimas vivas aún. Si es así, algunos animales quizá pudieron escapar de vez en cuando, en el transcurso de los siglos, a pájaros jóvenes. Forzosamente hay que invocar causas de esa naturaleza para explicar la presencia de los pequeños roedores en islas distantes unas de otras.

[4] Puedo citar como prueba de la gran diferencia que existe entre las estaciones en las partes boscosas y en los lugares abiertos de la costa, que el 20 de septiembre, a los 34° de latitud Sur, esos pájaros tenían pequeñuelos en sus nidos; en tanto que en las islas Chonos, tres meses más tarde, en verano, aún no hacían sino poner. La distancia entre esos dos lugares es de unas 700 millas.

English text

CHILOÉ

Charles Darwin, 1840.

PREFACE TO THE FIRST EDITION

This book about Chiloé contains sections taken from the famous work *A Naturalist's Voyage Round the World,* written by Charles Darwin. This eminent English naturalist visited Chiloé on two occasions during his stay in Chile for almost two years between 1833 and 1835[17]. Conrad Martens, painter and drawer, came on the same journey. It is interesting to note that in Valparaíso, Martens shared his atelier with the famous painter Mauricio Rugendas, and both greatly enriched the pictorial patrimony of our country. Darwin was a few months after his twentieth birthday when he, on foot, on horseback, by boat and by ship, crossed vast distances of the Isla Grande de Chiloé and the Archipelago. This edition is an invitation for the reader to appreciate, in a better way, the places in Chiloé he might visit. Impressive is the natural beauty of the Chiloé islands[18], both in land and sea. But in a century and a half changes in the climate have occurred. These changes will become quite evident when comparing the reality of today with the times he described. Maybe the traveller will consider the changes in the climate very beneficial, with fewer rains than those that upset Darwin, in his almost permanent stay in the forests, which covered almost the whole island at that time. Our ecological spirit, always concerned with the protection of the nature of the region, will be revitalised and a valuable argument put in its defence.

Darwin's journal presented here is written in an accessible and fresh style, which will fascinate the reader, as it did the

---

[17]   See the book *Darwin in Chile* (1832-1835). *A Naturalist's Voyage Round the World,* by Charles Darwin, Editorial Universitaria, Santiago, Chile, 1996.

[18]   To reach the Archipelago de los Chonos you can travel through the marvellous channels and fiords of the south, disembarking at Melinka and other small ports.

large public who read successive editions of his masterpiece in many languages. Apart from its great value in the field of botany, zoology and geology, it describes the society and its way of life. Of great anthropological value are the observations about the habits of the natives and other inhabitants of the islands. It is important to say that Chiloé became independent from Spain in 1826, several years later than the rest of the country. Darwin's visit took place only eight years later, in 1834. Whoever, in these days, sails through the charmels, travels along the roads or stops at the cities of Chiloé, will find his experience enriched by Darwin's description of nature and people. It is a privilege for us to have in our hands this valuable and historical document written by someone who was to become one of the most important scientists in the world.

Charles Robert Darwin was born in Shrewsbury, England, on February 12, 1809. At the end of 1831, he embarked on *H.M.S. Beagle* as a naturalist. The captain of the ship was Robert Fitz-Roy. The trip lasted five years and they circumnavigated the Earth. Young Darwin's brilliant observations and discoveries lead him later to revolutionary conceptions about the origin of species and the origin of man. Darwin proposed that the main factor of biological evolution is "natural selection" and he supplied evidence to sustain his theory, which is still the subject of great public and scientific interest. *The Origin of Species* was published in 1859 and *The Origin of Man*, in 1871.

Darwin's ideas generated great controversy; nevertheless, he became world famous and had the honour of being buried next to Newton, in Westminster Abbey, in 1882.

Dr. DAVID YUDILEVICH L.[19]
Professor, Facultad de Medicina, Universidad de Chile.
Emeritus Professor, King's College, University of London.
August, 1998.

[19] The editors wish to thank Mrs. Francisca Domich and Ivan Yudilevich for their collaboration.

CHILOÉ AND CHONOS ISLANDS

1. Chiloé. General aspect. Impenetrable Forest

NOVEMBER 10th. The *Beagle* sailed from Valparaíso to the south, for the purpose of surveying the southern part of Chile, the island of Chiloé, and the brokenland called the Chonos Archipelago, as far south as the Península of Tres Montes. On the 21st we anchored in the bay of San Carlos, the capital of Chiloé.

This island is about ninety miles long, with a breadth of rather less than thirty. The land is hilly, but not mountainous, and is covered by one great forest, except where a few green patches have been cleared round the thatched cottages.

From a distance the view somewhat resembles that of Tierra del Fuego; but the woods, when seen nearer, are incomparably more beautiful. Many kinds of fine evergreen trees, and plants with a tropical character, here take the place of the gloomy beech of the southern shores. In winter the climate is detestable, and in summer it is only a little better. I should think there are few parts of the world, within the temperate regions, where so much rain falls. The winds are very boisterous, and the sky almost always clouded: to have a week of fine weather is something wonderful. It is even difficult to get a single glimpse of the cordillera: during our first visit, once only the volcano of Osorno stood out in bold relief, and that was before sunrise; it was curious to watch, as the sun rose, the outline gradually fading away in the glare of the eastern sky.

The inhabitants, from their complexion and low stature, appear to have three-fourths of Indian blood in their veins.

They are a humble, quiet, industrious set of men. Although the fertile soil, resulting from the decomposition of the volcanic rocks, supports a rank vegetation, yet the climate is not favourable to any production which requires much sunshine to ripen it. There is very little pasture for the larger quadrupeds; and in consequence, the staple articles of food are pigs, potatoes (in Chile called *papas*)[20], and fish. The people all dress in strong woollen garments, which each family makes for itself, and dyes with indigo of a dark blue colour. The arts, however, are in the rudest state; as may be seen in their strange fashion of ploughing, their method of spinning, grinding corn, and in the construction of their boats. The forests are so impenetrable, that the land is nowhere cultivated except near the coast and on the adjoining islets. Even where paths exist, they are scarcely passable from the soft and swampy state of the soil. The inhabitants, like those of Tierra del Fuego, move about chiefly on the beach or in boats. Although with plenty to eat, the people are very poor: there is no demand for labour, and consequently the lower orders cannot scrape together money sufficient to purchase even the srnallest luxuries. There is also a great deficiency of a circulating medium. I have seen a man bringing on his back a bag of charcoal, with which to buy some trifle, and another carrying a plank to exchange for a bottle of wine. Hence every tradesman must also be a merchant, and again sell the goods which he takes in exchange.

2. San Carlos [Ancud] to Chacao excursion

NOVEMBER 24th. The yawl and whale-boat were sent under the command of Mr. (now Captain) Sulivan to survey the eastern or inland coast of Chiloé; and with orders to meet the *Beagle* at the southern extremity of the island; to which point she would proceed by the outside, so as thus to circumnavigate the whole. I accompanied this expedition, but instead of going in the boats the first day, I hired horses to take me to Chacao, at the northern extremity of the island.

---

[20] Called *patata* in most countries, is *papa* in Chile; *Solarium tuberosum.*

Arado de pecho, Chiloé.
Breast ploughing at Chiloé.

The road followed the coast; every now and then crossing promontories covered by fine forests. In these shaded paths it is absolutely necessary that the whole road should be made of logs of wood, which are squared and placed by the side of each other. From the rays of the sun never penetrating the evergreen foliage, the ground is so clamp and soft, that except by this means neither man nor horse would be able to pass along. I arrived at the village of Chacao shortly after the tents belonging to the boats were pitched for the night.

The land in this neighbourhood has been extensively cleared, and there were many quiet and most picturesque nooks in the forest. Chacao was formerly the principal port in the island; but many vessels having been lost, owing to the dangerous currents and rocks in the straits, the Spanish government burnt the church, and thus arbitrarily compelled the greater number of inhabitants to migrate to San Carlos. We had not long bivouacked, before the barefooted son of the governor came down to reconnoitre us. Seeing the English flag hoisted at the yawl's masthead, he asked with the utmost indifference, whether it was always to fly at Chacao. In several places the inhabitants were much astonished at the appearance of men-of-war's boats, and hoped and believed it was the forerruner of a Spanish fleet, coming to recover the

Plaza de San Carlos (Ancud), Chiloé.
Main square at San Carlos (Ancud), Chiloé.

island from the patriot government of Chile. All the men in power, however, had been informed of our intended visit, and were exceedingly civil. While we were eating our supper, the governor paid us a visit. He had been a lieutenant-colonel in the Spanish service, but now was miserably poor. He gave us two sheep, and accepted in return two cotton handkerchiefs, some brass trinkets, and a little tobacco.

3. Boat excursion as far as Huapi-Lemu

NOVEMBER 25th. Torrents of rain: we managed, however, to run down the coast as far as Huapi-Lemu. The whole of this eastern side of Chiloé has one aspect: it is a plain, broken by valleys and divided into little islands, and the whole thickly covered with one impervious blackish-green forest. On the margins there are some cleared spaces, surrounding the high-roofed cottages.

4. Volcanoes. Native indians. Quinchao island

NOVEMBER 26th. The day rose splendidly clear. The volcano of Osorno was spouting out volumes of smoke. This most beautiful mountain, formed like a perfect cone, and white with snow, stands out in front of the cordillera. Another great volcano, with a saddle-shaped summit, also emitted from its immense crater little jets of steam. Subsequently we saw the lofty-peaked Corcovado[21] well deserving the name of *El famoso Corcovado*. Thus we beheld, from one point of view, three great active volcanoes, each about seven thousand feet [2,135 m] high[22]. In addition to this, far to the south, there were other lofty cones covered with snow, which, although not known to be active, must be in their origin volcanic. The line of the Andes is not, in this neighbourhood, nearly so elevated as in Chile;

---

[21]   Corcovado Volcano: 43°07'S 72°45'O. 2,300 m.
[22]   The third volcano is, most possibly, the Calbuco volcano: 41°2'S 72°40'O.

neither does it appear to form so perfect a barrier between the regions of the earth. This great range, although running in a straight north and south line, owing to an optical deception, always appeared more or less curved; for the lines drawn from each peak to the beholder's eye, necessarily converged like the radii of a semicircle, and as it was not possible (owing to the clearness of the atmosphere and the absence of all intermediate objects) to judge how far distant the farthest peaks were off, they appeared to stand in a flattish semicircle.

Landing at midday, we saw a family of pure Indian extraction. The father was singularly like York Minster; and some of the younger boys, with their ruddy complexions, might have been mistaken for Pampas Indians. Everything I have seen convinces me of the close connection of the different American tribes, who nevertheless speak distinct languages.

This party could muster but little Spanish, and talked to each other in their own tongue. It is a pleasant thing to see the aborigines advanced to the same degree of civilization, however low that may be, which their white conquerors have attained. More to the south we saw many pure Indians: indeed, all the inhabitants of some of the islets retain their Indian surnames. In the census of 1832 there were in Chiloé and its dependencies forty-two thousand souls; the greater number of these appear to be of mixed blood. Eleven thousand retain their Indian surnames, but it is probable that not nearly all of these are of a pure breed. Their manner of life is the same with that of the other poor inhabitants, and they are all Christians; but it is said that they yet retain some strange superstitious ceremonies, and that they pretend to hold communication with the devil in certain caves. Formerly, every one convicted of this offence was sent to the Inquisition at Lima. Many of the inhabitants who are not included in the eleven thousand with Indian surnames, cannot be distinguished by their appearance from Indians. Gómez, the governor of Lemuy, is descended from noblemen of Spain on both sides; but by constant intermarriages with the natives the present man is an Indian. On the other hand, the governor of Quinchao boasts much of his purely kept Spanish blood.

Casas de San Carlos (Ancud), Chiloé.
Houses of San Carlos (Ancud), Chiloé.

We reached at night a beautiful little cove, north of the island of Caucahue. The people here complained of want of land. This is partly owing to their own negligence in not clearing the woods, and partly to restrictions by the government, which makes it necessary, before buying ever so small a piece, to pay two shillings to the surveyor for measuring each quadra (150 yards square), together with whatever price he fixes for the value of the land. After his valuation, the I and must be put up three times to auction, and if no one bids more, the purchaser can have it at that rate. All these exactions must be a serious check to clearing the ground, where the inhabitants are so extremely poor. In most countries, forests are removed without much difficulty by the aid of fire; but in Chiloé, from the damp nature of the climate, and the sort of trees, it is necessary first to cut them down. This is a heavy drawback to the prosperity of Chiloé. In the time of the Spaniards the Indians could not hold land; and a family, after having cleared a piece of ground, might be driven away, and the property seized by the government.

The Chilian authorities are now performing an act of justice by making retribution to these poor Indians, giving to each man, according to his grade of life, a certain portion of land. The value of uncleared ground is very little. The government gave Mr. Douglas (the present surveyor, who informed me of these circumstances) eight and a half square miles of forest near San Carlos, in lieu of a debt; and this he sold for 350 dollars, or about 70 pounds sterling.

The two succeeding days were fine, and at night we reached the island of Quinchao. This neighbourhood is the most cultivated part of the Archipelago; for a broad strip of land on the coast of the main island, as well as on many of the smaller adjoining ones, is almost completely cleared. Some of the farmhouses seemed very comfortable. I was curious to ascertain how rich any of these people might be, but Mr. Douglas says that no one can be considered as possessing a regular income. One of the richest land-owner might possibly accumulate, in a long industrious life, as much as 1,000 pounds sterling; but should this happen, it would all be stowed away in some secret corner, for it is the custom of almost every family to have a jar or treasure-chest buried in the ground.

5. Castro, old capital of Chiloé

NOVEMBER 30th. Early on Sunday morning we reached Castro, the ancient capital of Chiloé, but now a most forlorn and deserted place. The usual quadrangular arrangement of Spanish towns could be traced, but the streets and plaza were coated with fine green turf on which sheep were browsing. The church, which stands in the middle, is entirely built of plank, and has a picturesque and venerable appearance.

The poverty of the place may be conceived from the fact, that although containing some hundreds of inhabitants, one of our party was unable anywhere to purchase either a pound of sugar or an ordinary knife. No individual possessed either a watch or a clock; and an old man, who was supposed to have a good idea of time, was employed to strike the church bell by guess. The arrival of our boats was a rare event in this quiet retired corner of the world; and nearly all the inhabitants came down to the beach to see us pitch our tents. They were very civil, and offered us a house; and one man even sent us a cask of cider as a present. In the afternoon we paid our respects to the governor, a quiet old man, who, in his appearance and manner of life, was scarcely superior to an English cottager. At night heavy rain set in, which was hardly sufficient to drive away from our tents the large circle of lookers-on. An Indian family, who had come to trade in a canoe from Caylen, bivouacked near us. They had no shelter during the rain. In the morning I asked a young Indian, who was wet to the skin, how he had passed the night. He seemed perfectly content, and answered, *Muy bien, señor*.

6. Islands Lemuy, Caylén and Tanqui (Tranqui)

December 1st. We steered for the island of Lemuy. I was anxious to examine a reported coal-mine which turned out to be lignite of little value, in the sandstone (probably of an ancient tertiary epoch) of which these islands are composed. When we reached Lemuy we had much difficulty in finding any place to pitch our tents, for it was spring-tide, and the land was wooded down to the water's edge. In a short time we were surrounded by a large group of the nearly pure Indian inhabitants. They were much surprised at our arrival, and said one to the other, "This is the reason we have seen so many parrots lately; the cheucau (an odd red-breasted little bird, which inhabits the thick forest, and utters very peculiar noises) has not cried 'beware' for nothing".

They were soon anxious for barter. Money was scarcely worth anything, but, their eagerness for tobacco was something quite extraordinary. After tobacco, indigo came next in value; then capsicum, old clothes, and gunpowder. The latter article was required for a very innocent purpose: each parish has a public musket, and the gunpowder was wanted for making a noise on their saint or feast days. The people here live chiefly on shellfish and potatoes. At certain seasons they catch also, in *corrales*, or hedges under water, many fish which are left on the mud-banks as the tide falls. They occasionally possess fowls, sheep, goats, pigs, horses, and cattle; the order in which they are here mentioned, expressing their respective numbers. I never saw anything more obliging and humble than the manners of these people. They generally began with stating that they were poor natives of the place, and not Spaniards, and that they were in sad want of tobacco and other comforts.

At Caylén, the most southern island, the sailors bought with a stick of tobacco, of the value of three-halfpence, two fowls, one of which, the Indian stated, had skin between its toes, and turned out to be a fine duck; and with some cotton handkerchiefs, worth three shillings, three sheep and a large bunch of onions were procured. The yawl at this place was anchored some way from the shore, and we had fears for her safety from robbers during the night. Our pilot, Mr. Douglas, accordingly told the constable of the district that we always placed sentinels with loaded arms and not understanding Spanish, if we saw any person in the dark, we should assuredly shoot him. The constable, with much humility, agreed to the perfect propriety of this arrangement, and promised us that no one should stir out of his house during that night.

During the four succeeding days we continued sailing southward. The general features of the country remained the same, but it was much less thickly inhabited. On the large island of Tanqui there was scarcely one cleared spot, the trees on every side extending their branches over the sea-beach. I one day noticed, growing on the sandstone cliffs, some very fine plants of the panke (*Gunnera scabra*[23]), which somewhat resembles the rhubarb on a gigantic scale. The inhabitants eat the stalks, which are subacid, and tan leather with the roots, and prepare a black dye from them.

The leaf is nearly circular, but deeply indented on its margin. I measured one which was nearly eight feet [2,44 m] in diameter, and therefore no less than twenty-four in circumference! The stalk is rather more than a yard high, and each plant sends out four or five of these enormous leaves, presenting together a very noble appearance.

7. Ascend San Pedro

DECEMBER 6th. We reached Caylén[24], called *El fin de la Cristiandad*. In the morning we stopped for a few minutes at a house on the northern end of Laylec (Laytec), which was the extreme point of South American Christendom, and a miserable hovel it was. The latitude is 43 degs. 10′, which is two degrees farther south than the Río Negro on the Atlantic coast. These extreme Christians were very poor, and, under the plea of their situation, begged for some tobacco. As a proof of the poverty of these Indians, I may mention that shortly before this, we had met a man, who had travelled three days and a half on foot, and had as many to return, for the sake of recovering the value of a small axe and a few fish. How very difficult it must be to buy the smallest article, when such trouble is taken to recover so small a debt.

In the evening we reached the island of San Pedro, where we found the *Beagle* at anchor. In doubling the point, two of the officers landed to take a round of angles with the theodolite. A fox (*Canis fulvipes*), of a kind said to be peculiar to the island, and very rare in it, and which is a new species, was sitting on the rocks. He was so intently absorbed in watching the work of the officers, that I was able, by quietly walking up behind,

[23]   Present name: *Gunnera tinctoria;* called "pangue" or "nalca".
[24]   It is Cailin island opposite to Quellón.

to knock him on the head with my geological hammer. This fox, more curious or more scientific, but less wise, than the generality of his brethren, is now mounted in the museum of the Zoological Society.

We stayed three days in this harbour, on one of which Captain Fitz-Roy, with a party, al tempted to ascend to the summit of San Pedro. The woods here had rather a different appearance from those on the northern part of the island.

Zorro

The rock, also, being micaceous slate, there was no beach, but the steep sides dipped directly beneath the water. The general aspect in consequence was more like that of Tierra del Fuego than of Chiloé. In vain we tried to gain the summit: the forest was so impenetrable, that no one who has not beheld it can imagine so entangled a mass of dying and dead trunks. I am sure that often, for more than ten minutes together, our feet never touched the ground, and we were frequently ten or fifteen feet [3,05-4,57 m] above it, so that the seamen as a joke called out the soundings. At other times we crept one after another on our hands and knees, under the rotten trunks. In the lower part of the mountain, noble trees of the Winter's bark, and a laurel like the sassafras[25] with fragrant leaves, and others, the names of which I do not know, were matted together by a trailing bamboo or cane.

[25]   American tree of the lauráceas family.

Here we were more like fishes struggling in a net than any other animal. On the higher parts, brushwood takes the place of larger trees, with here and there a red cedar or an alerce pine. I was also pleased to see, at an elevation of a little less than 1,000 feet (305 m), our old friend the southern beech.

They were, however, poor stunted trees, and I should think that this must be nearly their northern limit. We ultimately gave up the attempt in despair.

8. Chonos Archipelago

DECEMBER 10th. The yawl and whale-boat, with Mr. Sulivan, proceeded on their survey, but I remained on board the *Beagle*, which the next day left San Pedro for the southward. On the 13th we ran into an opening in the southern part of Guaytecas, or the Chonos Archipelago; and it was fortunate we did so, for on the following day a storm, worthy of Tierra del Fuego, raged with great fury. White massive clouds were piled up against a dark blue sky, and across them black ragged sheets of vapour were rapidly driven. The successive mountain ranges appeared like dim shadows, and the setting sun cast on the woodland a yellow gleam, much like that produced by the flame of spirits of wine. The water was white with the flying spray, and the wind lulled and roared again through the rigging: it was an ominous, sublime scene. During a few minutes there was a bright rainbow, and it was curious to observe the effect of the spray, which being carried along the surface of the water, changed the ordinary semicircle into a circle; a band of prismatic colours being continued, from both feet of the common arch across the bay, close to the vessel's side: thus forming a distorted, but very nearly entire ring.

We stayed here three days. The weather continued bad: but this did not much signify, for the surface of the land in all these islands is all but impassable. The coast is so very rugged that to attempt to walk in that direction requires continued scrambling up and down over the sharp rocks of mica-slate; and as for the woods, our faces, hands, and shin-bones all bore witness to the maltreatment we received, in merely attempting to penetrate their forbidden recesses.

9. Peninsula of Tres Montes

December 18th. We stood out to sea. On the 20th we bade farewell to the south, and with a fair wind turned the ship's head northward. From Cape Tres Montes[26] we sailed pleasantly along the lofty weather-beaten coast, which is remarkable for the bold outline of its hills, and the thick covering of forest even on the almost precipitous flanks. The next day a harbour was discovered, which on this dangerous coast might be of great service to a distressed vessel. It can easily be recognized by a hill 1,600 feet [488 m] high, which is even more perfectly conical than the famous sugar-loaf at Río de Janeiro. The next day, after anchoring, I succeeded in reaching the summit of this hill. It was a laborious undertaking, for the sides were so steep that in some parts it was necessary to use the trees as ladders. There were also several extensive brakes of the Fuchsia, covered with its beautiful drooping flowers, but very difficult to crawl through.

In these wild countries it gives much delight to gain the summit of any mountain. There is an indefinite expectation of seeing something very strange, which, however often it may be balked, never failed with me to recur on each successive attempt. Every one must know the feeling of triumph and pride which a grand view from a height communicates to the mind. In these little frequented countries there is also joined to it some vanity, that you perhaps are the first man who ever stood on this pinnacle or admired this view.

A strong desire is always felt to ascertain whether any human being has previously visited an unfrequented spot. A bit of wood with a nail in it, is picked up and studied as if it were covered with hieroglyphics. Possessed with this feeling, I was much interested by finding, on a wild part of the coast,

[26]   Península and Cabo Tres Montes: 47° Latitude South.

a bed made of grass beneath a ledge of rock. Close by it there
had been a fire, and the man had used an axe.

The fire, bed, and situation showed the dexterity of an
Indian; but he could scarcely have been an Indian, for the race
is in this part extinct, owing to the Catholic desire of making
at one blow Christians and Slaves. I had at the time some
misgivings that the solitary man who had made his bed on this
wild spot, must have been some poor shipwrecked sailor, who,
in trying to travel up the coast, had here laid himself down for
his dreary night.

10. Boat-wrecked sailors

DECEMBER 28th. The weather continued very bad, but it at
last permitted us to proceed with the survey. The time hung
heavy on our hands, as it always did when we were delayed
from day to day by successive gales of wind. In the evening
another harbour was discovered, where we anchored.
Directly afterwards a man was seen waving a shirt, and a
boat was sent which brought back two seamen. A party of
six had run away from an American whaling vessel, and had
landed a little to the southward in a boat, which was shortly
afterwards knocked to pieces by the surf. They had now
been wandering up and down the coast for fifteen months,
without knowing which way to go, or where they were. What
a singular piece of good fortune it was that this harbour was
now discovered! Had it not been for this one chance, they
might have wandered till they had grown old men, and at last
have perished on this wild coast. Their sufferings had been
very great, and one of their party had lost his life by falling
from the cliffs. They were sometimes obliged to separate in
search of food, and this explained the bed of the solitary man.
Considering what they had undergone, I think they had kept
a very good reckoning of time, for they had lost only four
days.

11. *Granite range in Cabo Tres Montes*

DECEMBER 30th. We anchored in a snug little cove at the foot of some high hills, near the northern extremity of Tres Montes. After breakfast the next morning, a party ascended one of these mountains, which was 2,400 feet [732 m] high. The scenery was remarkable. The chief part of the range was composed of grand, solid, abrupt masses of granite, which appeared as if they had been coeval with the beginning of the world. The granite was capped with mica-slate, and this in the lapse of ages had been worn into strange finger-shaped points. These two formations, thus differing in their outlines, agree in being almost destitute of vegetation. This barrenness had to our eyes a strange appearance, from having been so long accustomed to the sight of an almost universal forest of dark-green trees. I took much delight in examining the structure of these mountains. The complicated and lofty ranges bore a noble aspect of durability equally profitless, however, to man and to all other animals. Granite to the geologist is classic ground: from its widespread limits, and its beautiful and compact texture, few rocks have been more anciently recognised. Granite has given rise, perhaps, to more discussion concerning its origin than any other formation.

We generally see it constituting the fundamental rock, and, however formed, we know it is the deepest layer in the crust of this globe to which man has penetrated. The limit of man's knowledge in any subject possesses a high interest, which is perhaps increased by its close neighbourhood to the realms of imagination[27].

12. *N.W. gale. Seals*

JANUARY 1st 1835. The new year is ushered in with the ceremonies proper to it in these regions. She lays out no false hopes: a heavy north-western gale, with steady rain, bespeaks

[27]   These granitic rocks are the youngest of America.

the rising year. Thank God, we are not destined here to see the end of it, but hope then to be in the Pacific Ocean, where a blue sky tells one there is-a heaven, a something beyond the clouds above our heads.

The north-west winds prevailing for the next four days, we only managed to cross a great bay, and then anchored in another secure harbour. I accompanied the Captain in a boat to the head of a deep creek. On the way the number of seals which we saw was quite astonishing: every bit of flat rock, and parts of the beach, were covered with them. They appeared to be of a loving disposition, and lay huddled together, fast asleep, like so many pigs; but even pigs would have been ashamed of their dirt, and of the foul smell which came from them. Each herd was watched by the patient but inauspicious eyes of the turkey buzzard. This disgusting bird, with its bald scarlet head, formed to wallow in putridity, is very common on the west coast, and their attendance on the seals shows on what they rely for their food. We found the water (probably only that of the surface) nearly fresh: this was caused by the number of torrents which, in the form of cascades, came tumbling over the bold granite mountains into the sea. The fresh water attracts the fish, and these bring many terns, gulls, and two kinds of cormorant. We saw also a pair of the beautiful black-necked swans, and several small sea-otters, the fur of which is held in such high estimation. In returning, we were again amused by the impetuous manner in which the heap of seals, old and young, tumbled into the water as the boat passed. They did not remain long under water, but rising, followed us with outstretched necks, expressing great wonder and curiosity.

13. Low's[28] Harbour. Wild potato

JANUARY 7th. Having run up the coast, we anchored near the northern end of the Chonos Archipelago, in Low's Harbour,

---

[28]   Puerto Low, Guaiteca Island, 43°48'40" S. and 74°00'30" W.

where we remained a week. The islands were here, as in Chiloé, composed of a stratified, soft, littoral deposit; and the vegetation in consequence was beautifully luxuriant. The woods came down to the sea-beach, just in the manner of an evergreen shrubbery over a gravel walk. We also enjoyed from the anchorage a splendid view of four great snowy cones of the Cordillera, including *El famoso Corcovado*; the range itself had in this latitude so little height, that few parts of it appeared above the tops of the neighbouring islets. We found here a party of five men from Caylén, *El fin de la Cristiandad*, who had most adventurously crossed in their miserable boat-canoe, for the purpose of fishing, the open space of sea which separates Chonos from Chiloé. These islands will, in all probability, in a short time become peopled like those adjoining the coast of Chiloé.

The wild potato grows on these islands in great abundance, on the sandy, shelly soil near the sea-beach. The tallest plant was four feet [1,22 m] in height. The tubers were generally small, but I found one, of an oval shape, two inches in diameter: they resembled in every respect, and had the same smell as English potatoes; but when boiled they shrunk much, and were watery and insipid, without any bitter taste. They are undoubtedly here indigenous: they grow as far south, according to Mr. Low, as lat. 50 degs., and are called *aquinas* by the wild Indians of that part: the Chilotan Indians have a different name for them. Professor Henslow, who has examined the dried specimens which I brought home, says that they are the same with those described by Mr. Sabine [1] from Valparaíso, but that they form a variety which by some botanists has been considered as specifically distinct. It is remarkable that the same plant should be found on the sterile mountains of central Chile, where a drop of rain does not fall for more than six months, and within the damp forests of these southern islands.

14. Formation of peat

In the central parts of the Chonos Archipelago (lat. 45 degs.), the forest has very much the same character with that along the whole west coast, for 600 miles southward to Cape Horn.

The arborescent grass of Chiloé is not found here; while the beech of Tierra del Fuego grows to a good size, and forms a considerable proportion of the wood; not, however, in the same exclusive manner as it does farther southward. Cryptogamic plants here find a most congenial climate. In the Strait of Magellan, as I have before remarked, the country appears too cold and wet to allow of their arriving at perfection; but in these islands, within the forest, the number of species and great abundance of mosses, lichens, and small ferns, is quite extraordinary. [2] In Tierra del Fuego trees grow only on the hillsides; every level piece of land being invariably covered by a thick bed of peat; but in Chiloé flat land supports the most luxuriant forests. Here, within the Chonos Archipelago, the nature of the climate more closely approaches that of Tierra del Fuego than that of northern Chiloé; for every patch of level ground is covered by two species of plants (*Astelia pumila* and *Donatia magellanica* [*Donatia fascicularis, Donati o donacia*]), which by their joint decay compose a thick bed of elastic peat. In Tierra del Fuego, above the region of woodland, the former of these eminently sociable plants is the chief agent in the production of peat. Fresh leaves are always succeeding one to the other round the central tap-root; the lower ones soon decay, and in tracing a root downwards in the peat, the leaves, yet holding their place, can be observed passing through every stage of decomposition, till the whole becomes blended in one confused mass. The Astelia is assisted by a few other plants; here and there a small creeping *Myrtus* (*M. nummularia*), with a woody stem like our cranberry and with a sweet berry, an *Empetrum* (*E. rubrum*), like our heath, a rush (*Juncus grandiflorus*), are nearly the only ones that grow on the swampy surface. These plants, though possessing a very close general resemblance to the English species of the same genera, are different. In the more level parts of the country, the surface of the peat is broken up into little pools of water, which stand at different heights, and appear as if artificially excavated. Small streams of water, flowing underground, complete the disorganization of the vegetable matter, and consolidate the whole.

The climate of the southern part of America appears particularly favourable to the production of peat. In the Falkland Islands almost every kind of plant, even the coarse grass which covers the whole surface of the land, becomes converted into this substance: scarcely any situation checks its growth; some of the beds are as much as twelve feet [3,6 m] thick, and the lower part becomes so solid when dry, that it will hardly burn. Although every plant lends its aid, yet in most parts the Astelia is the most efficient. It is rather a singular circumstance, as being so very different from what occurs in Europe, that I nowhere saw moss forming by its decay any portion of the peat in South America. With respect to the northern limit, at which the climate allows of that peculiar kind of slow decomposition which is necessary for its production, I believe that in Chiloé (lat. 41 to 42 degs.), although there is much swampy ground, no well-characterized peat occurs: but in the Chonos Islands, three degrees farther southward, we have seen that it is abundant. On the eastern coast in La Plata (lat. 35 degs.) I was told by a Spanish resident who had visited Ireland, that he had often sought for this substance, but had never been able to find any. He showed me, as the nearest approach to it which he had discovered, a black peaty soil, so penetrated with roots as to allow of an extremely slow and imperfect combustion.

15. Chonos's zoology

The zoology of these broken islets of the Chonos Archipelago is, as might have been expected, very poor. Of quadrupeds two aquatic kinds are common. The *Myopotamus coypus* (like a beaver, but with a round tail [coipo]) is well known from its fine fur, which is an object of trade throughout the tributaries of La Plata. It here, however, exclusively frequents salt water; which same circumstance has been mentioned as sometimes occurring with the great rodent, the Capybara. A small sea-otter is very numerous; this animal does not feed exclusively on fish, but, like the seals, draws a large supply from a small red crab, which swims in shoals near the surface of the water.

Mr. Bynoe saw one in Tierra del Fuego eating a cuttle-fish; and at Low's Harbour, another was killed in the act of carrying to its hole a large volute shell. At one place I caught in a trap a singular little mouse (*M. brachiotis* [olivácea]); it appeared common on several of the islets, but the Chilotans at Low's Harbour said that it was not found in all. What a succession of chances, [3] or what changes of level must have been brought into play, thus to spread these small animals throughout this broken archipelago!

16. Birds[29]. Cheucau (chucao) and Barking-bird (Guid-guid)

In all parts of Chiloé and Chonos, two very strange birds occur, which are allied to, and replace, the Turco and Tapacolo of central Chile. One is called by the inhabitants "Cheucau" (Chucao, pájaro de los presagios, *Pteroptochos rubecula*): it frequents the most loomy and retired spots within the damp forests. Sometimes, although its cry may be heard close at hand, let a person watch ever so attentively he will not see the cheucau; at other times, let him stand motionless and the red-breasted little bird will approach within a few feet in the most familiar manner. It then busily hops about the entangled mass of rotting cones and branches, with its little tail cocked upwards. The cheucau is held in superstitious fear by the Chilotans, on account of its strange and varied cries. There are three very distinct cries: One is called *chiduco*, and is an omen of good; another, *huitreu*, which is extremely unfavourable; and a third, which I have forgotten. These words are given in imitation of the noises; and the natives are in some things absolutely governed by them. The Chilotans assuredly have chosen a most comical little creature for their prophet.

[29]   "In the wooded island of Chiloé, which has an extremely humid climate, this litte bird (*Trochilus forticatus*, picaflor gigante), skipping from side to side amid the dripping foliage, is perhaps more abundant than almost any other kind". Quote from Darwin en Chile, Editorial Universitaria, 1996, pág. 151.

Chucao   Guid-guid

An allied species, but rather larger, is called by the natives Guid-guid (*Pteroptochos tarnii*), and by the English the barkingbird. This latter name is well given; for I defy any one at first to feel certain that a small dog is not yelping somewhere in the forest. Just as with the cheucau, a person will sometimes hear the bark close by, but in vain many endeavour by watching, and with still less chance by beating the bushes, to see the bird; yet at other times the guid-guid fearlessly comes near. Its manner of feeding and its general habits are very similar to those of the cheucau.

On the coast, [4] a small dusky-coloured bird (*Opetiorhynchus patagonicus* [churrete]) is very common. It is remarkable from its quiet habits; it lives entirely on the sea-beach, like a sandpiper. Besides these birds only few others inhabit this broken land. In my rough notes I describe the strange noises, which, although frequently heard within these gloomy forests, yet scarcely disturb the general silence. The yelping of the guid-guid, and the sudden whew-whew of the cheucau, sometimes come from afar off, and sometimes from close at hand; the little back wren of Tierra del Fuego occasionally adds its cry; the creeper (*Oxyurus*) follows the intruder screaming and twittering; the humming-bird may be seen every now and then darting from side to side, and emitting, like an insect, its shrill chirp; lastly, from the top of some lofty tree the indistinct but plaintive note of the white-tufted tyrant-flycatcher (*Myiobius* [fío-fío]) may be noticed. From the great preponderance in most countries of certain common genera of birds, such as the finches, one feels at first surprised at meeting with the peculiar forms above enumerated, as the commonest birds in any district. In central Chile two of them, namely, the *Oxyurus* and *Scytalopus*, occur, although most rarely. When finding, as in this case, animals which seem to play so insignificant a part in the great scheme of nature, one is apt to wonder why they were created.

Churrete   Fío-fío

But it should always be recollected, that in some other country perhaps they are essential members of society, or at some former period may have been so. If America south of 37 degs. were sunk beneath the waters of the ocean, these two birds might continue to exist in central Chile for a long period, but it is very improbable that their numbers would increase. We should then see a case which must inevitably have happened with very many animals.

17. Petrels[30]

These southern seas are frequented by several species of Petrels: the largest kind, *Procellaria gigantea* (petrel gigante), or

---

[30]   Petrel: Marine palmiped bird from cold sea waters.

nelly (quebrantahuesos, or break-bones, of the Spaniards), is
a common bird, both in the inland channels and on the open
sea. In its habits and manner of flight, there is a very close
resemblance with the albatross; and as with the albatross, a
person may watch it for hours together without seeing on
what it feeds. The "break-bones" is, however, a rapacious bird,
for it was observed by some of the officers at Port St. Antonio
chasing a diver, which tried to escape by diving and flying, but
was continually struck down, and at last killed by a blow on its
head. At Port St. Julian these great petrels were seen killing and
devouring young gulls. A second species (*Puffinus cinereus*),
which is common to Europe, Cape Horn, and the coast of Perú,
is of much smaller size than the *P. gigantea*, but, like it, of a
dirty black colour. It generally frequents the inland sounds in
very large flocks: I do not think I ever saw so many birds of
any other sort together, as I once saw of these behind the island
of Chiloé. Hundreds of thousands flew in an irregular line for
several hours in one direction. When part of the flock settled
on the water the surface was blackened, and a noise proceeded
from them as of human beings talking in the distance.

Petrel gigante

There are several other species of petrels, but I will only
mention one other kind, the *Pelacanoides berardi* (pato yunco)
which offers an example of those extraordinary cases, of a
bird evidently belonging to one well-marked family, yet both

in its habits and structure allied to a very distinct tribe. This bird never leaves the quiet inland sounds. When disturbed it dives to a distance, and on coming to the surface, with the same movement takes flight. After flying by a rapid movement of its short wings for a space in a straight line, it drops, as if struck dead, and dives again. The form of its beak and nostrils, length of foot and even the colouring of its plumage, show that this bird is a petrel: on the other hand, its short wings and consequent little power of flight, its form of body and shape of tail, the absence of a hind toe to its foot, its habit of diving, and its choice of situation, make it at first doubtful whether its relationship is not equally close with the auks[31]. It would undoubtedly be mistaken for an auk, when seen from a distance, either on the wing, or when diving and quietly swimming about the retired channels of Tierra del Fuego.

18. San Carlos. Osorno volcano in eruption

On JANUARY THE 15th we sailed from Low's Harbour, and three days afterwards anchored a second time in the bay of San Carlos in Chiloé. On the night of the 19th the volcano of Osorno was in action. At midnight the sentry observed something like a large star, which gradually increased in size till about three o'clock, when it presented a very magnificent spectacle. By the aid of a glass, dark objects, in constant succession, were seen, in the midst of a great glare of red light, to be thrown up and to fall down. The light was sufficient to cast on the water a long bright reflection. Large masses of molten matter seem very commonly to be cast out of the craters in this part of the cordillera. I was assured that when the Corcovado is in eruption, great masses are projected upwards and are seen to burst in the air, assuming many fantastical forms, such as trees: their size must be immense, for they can be distinguished from the high land behind San Carlos, which is no less than ninety-

[31]   Auk is a bird from the northern hemisphere belonging to the *Alcides* family. In spanish is called "alca".

three miles from the Corcovado. In the morning the volcano became tranquil.

I was surprised at hearing afterwards that Aconcagua in Chile, 480 miles northwards, was in action on the same night; and still more surprised to hear that the great eruption of Coseguina[32] (2,700 miles north of Aconcagua), accompanied by an earthquake felt over a 1,000 miles, also occurred within six hours of this same time. This coincidence is the more remarkable, as Coseguina had been dormant for twenty-six years; and Aconcagua most rarely shows any signs of action.

It is difficult even to conjecture whether this coincidence was accidental, or shows some subterranean connection. If Vesuvius, Etna, and Heda in Iceland (all three relatively nearer each other than the corresponding points in South America), suddenly burst forth in eruption on the same night, the coincidence would be thought remarkable; but it is far more remarkable in this case, where the three vents fall on the same great mountain-chain, and where the vast plains along the entire eastern coast, and the upraised recent shells along more than 2,000 miles on the western coast, show in how equable and connected a manner the elevatory forces have acted.

Captain Fitz-Roy being anxious that some bearings should be taken on the outer coast of Chiloé, it was planned that Mr. King and myself should ride to Castro, and thence across the island to the Capilla de Cucao, situated on the west coast. Having hired horses and a guide, we set out on the morning of the 22nd. We had not proceeded far, before we were joined by a woman and two boys, who were bent on the same journey. Every one on this road acts on a "hail fellow well met" fashion; and one may here enjoy the privilege, so rare in South America, of travelling without firearms.

At first, the country consisted of a succession of hills and valleys: nearer to Castro it became very level. The road itself is a curious affair; it consists in its whole length, with the exception of very few parts, of great logs of wood, which

32   Volcano in Nicaragua which had a big eruption in 1835.

are either broad and laid longitudinally, or narrow and placed transversely. In summer the road is not very bad; but in winter, when the wood is rendered slippery from rain, travelling is exceedingly difficult. At that time of the year, the ground on each side becomes a morass, and is often overflowed: hence it is necessary that the longitudinal logs should be fastened down by transverse poles, which are pegged on each side into the earth. These pegs render a fall from a horse dangerous, as the chance of alighting on one of them is not small. It is remarkable, however, how active custom has made the Chilotan horses. In crossing bad parts, where the logs had been displaced, they skipped from one to the other, almost with the quickness and certainty of a dog. On both hands the road is bordered by the lofty forest-trees, with their bases matted together by canes. When occasionally a long reach of this avenue could be beheld, it presented a curious scene of uniformity: the white line of logs, narrowing in perspective, became hidden by the gloomy forest, or terminated in a zigzag which ascended some steep hill.

Although the distance from San Carlos to Castro is only twelve leagues in a straight line, the formation of the road must have been a great labour. I was told that several people had formerly lost their lives in attempting to cross the forest. The first who succeeded was an Indian, who cut his way through the canes in eight days, and reached San Carlos: he was rewarded by the Spanish government with a grant of land. During the summer, many of the Indians wander about the forests (but chiefly in the higher parts, where the woods are not quite so thick) in search of the half-wild cattle which live on the leaves of the cane and certain trees. It was one of these huntsmen who by chance discovered, a few years since, an English vessel, which had been wrecked on the outer coast. The crew were beginning to fail in provisions, and it is not probable that, without the aid of this man, they would ever have extricated themselves from these scarcely penetrable woods. As it was, one seaman died on the march, from fatigue. The Indians in these excursions steer by the sun; so that if there is a continuance of cloudy weather, they can not travel.

Bosque de Chiloé.
Forest scene at Chiloé.

The day was beautiful, and the number of trees which were in full flower perfumed the air; yet even this could hardly dissipate the effects of the gloomy dampness of the forest. Moreover, the many dead trunks that stand like skeletons, never fail to give to these primeval woods a character of solemnity, absent in those of countries long civilized. Shortly after sunset we bivouacked for the night. Our female companion, who was rather good-looking, belonged to one of the most respectable families in Castro: she rode, however, astride, and without shoes or stockings. I was surprised at the total want of pride shown by her and her brother. They brought food with them, but at all our meals sat watching Mr. King and myself whilst eating, till we were fairly shamed into feeding the whole party.

The night was cloudless; and while lying in our beds, we enjoyed the sight (and it is a high enjoyment) of the multitude of stars which illumined the darkness of the forest.

19. Ride to Castro and Cucao. Indian families

JANUARY 23rd. We rose early in the morning, and reached the pretty quiet town of Castro by two o'clock. The old governor had died since our last visit, and a Chileno was acting in his place. We had a letter of introduction to Don Pedro, whom we found exceedingly hospitable and kind, and more disinterested than is usual on this side of the continent. The next day Don Pedro procured us fresh horses, and offered to accompany us himself. We proceeded to the south generally following the coast, and passing through several hamlets, each with its large barn-like chapel built of wood. At Villipilli (Vilopulli), Don Pedro asked the commandant to give us a guide to Cucao. The old gentleman offered to come himself; but for a long time nothing would persuade him that two Englishmen really wished to go to such an out-of-the-way place as Cucao. We were thus accompanied by the two greatest aristocrats in the country, as was plainly to be seen in the manner of all the poorer Indians towards them. At Chonchi we struck across the island, following intricate winding paths, sometimes passing through magnificent forests, and sometimes through pretty cleared spots, abounding with corn and potato crops. This undulating woody country, partially cultivated, reminded me of the wilder parts of England, and therefore had to my eye a most fascinating aspect. At Villinco (Huillinco), which is situated on the borders of the lake of Cucao, only a few fields were cleared; and all the inhabitants appeared to be Indians. This lake is twelve miles long, and runs in an east and west direction. From local circumstances, the sea-breeze blows very regularly duking the day, and during the night it falls calm: this has given rise to strange exaggerations, for the phenomenon, as described to us at San Carlos, was quite a prodigy.

The road to Cucao was so very bad that we determined to embark in a *periagua*. The commandant, in the most authoritative manner, ordered six Indians to get ready to pull us over, without deigning to tell them whether they would be paid. The periagua is a strange rough boat, but the crew were still stranger: I doubt if six uglier little men ever got into a boat together. They pulled, however, very well and cheerfully.

The stroke-oarsman gabbled Indian, and uttered strange cries, much after the fashion of a pig-driver driving his pigs. We started with a light breeze against us, but yet reached the Capilla de Cucao before it was late. The country on each side of the lake was one unbroken forest. In the same periagua with us, a cow was embarked. To get so large an animal into a small boat appears at first a difficulty, but the Indians managed it in a minute. They brought the cow alongside the boat, which was heeled towards her; then placing two oars under her belly, with their ends resting on the gunwale, by the aid of these levers they fairly tumbled the poor beast heels over head into the bottom of the boat, and then lashed her down with ropes. At Cucao we found an uninhabited hovel (which is the residence of the *padre* when he pays this Capilla a visit), where, lighting a fire, we cooked our supper, and were very comfortable.

The district of Cucao is the only inhabited part on the whole west coast of Chiloé. It contains about thirty or forty Indian families, who are scattered along four or five miles of the shore. They are very much secluded from the rest of Chiloé, and have scarcely any sort of commerce, except sometimes in a little oil, which they get from seal-blubber.

They are tolerably dressed in clothes of their own manufacture, and they have plenty to eat. They seemed, however, discontented, yet humble to a degree which it was quite painful to witness. These feelings are, I think, chiefly to be attributed to the harsh and authoritative manner in which they are treated by their rulers. Our companions, although so very civil to us, behaved to the poor Indians as if they had been slaves, rather than free men. They ordered provisions and the use of their horses, without ever condescending to say how much, or indeed whether the owners should be paid at all. In the morning, being left alone with these poor people, we soon ingratiated ourselves by presents of cigars and mate. A lump of white sugar was divided between all present, and tasted with the greatest curiosity. The Indians ended all their complaints by saying, "And it is only because we are poor Indians, and know nothing; but it was not so when we had a King".

The next day after breakfast, we rode a few miles northward to Punta Huantamó. The road lay along a very broad beach, on which, even after so many fine days, a terrible surf was breaking. I was assured that after a heavy gale, the roar can be heard at night even at Castro, a distance of no less than twenty-one sea-miles across a hilly and wooded country. We had some difficulty in reaching the point, owing to the intolerably bad paths; for everywhere in the shade the ground soon becomes a perfect quagmire. The point itself is a bold rocky hill. It is covered by a plant allied, I believe, to Bromelia, and called by the inhabitants Chepones (chupones). In scrambling through the beds, our hands were very much scratched. I was amused by observing the precaution our Indian guide took, in turning up his trousers, thinking that they were more delicate than his own hard skin. This plant bears a fruit, in shape like an artichoke, in which a number of seed-vessels are packed: these contain a pleasant sweet pulp, here much esteemed. I saw at Low's Harbour the Chilotans making *chichi*, or cider, with this fruit: so true is it, as Humbold remarks, that almost everywhere man finds means of preparing some kind of beverage from the vegetable kingdom. The savages, however, of Tierra del Fuego, and I believe of Australia, have not advanced thus far in the arts.

The coast to the north of Punta Huantamó is exceedingly rugged and broken, and is fronted by many breakers, on which the sea is eternally roaring. Mr. King and myself were anxious to return, if it had been possible, on foot along this coast; but even the Indians said it was quite impracticable. We were told that men have crossed by striking directly through the woods from Cucao to San Carlos, but never by the coast. On these expeditions, the Indians carry with them only roasted corn, and of this they eat sparingly twice a day.

20. Return to San Carlos. Burning the forest

JANUARY 26th. Re-embarking in the periagua, we returned across the lake, and then mounted our horses. The whole of Chiloé took advantage of this week of unusually fine weather, to clear the ground by burning. In every direction volumes of smoke were curling upwards. Although the inhabitants were so assiduous in setting fire to every part of the wood, yet I did not see a single fire which they had succeeded in making extensive. We dined with our friend the commandant, and did not reach Castro till after dark. The next morning we started very early. After having ridden for some time, we obtained from the brow of a steep hill an extensive view (and it is a rare thing on this road) of the great forest. Over the horizon of trees, the volcano of Corcovado, and the great flat-topped one to the north, stood out in proud pre-eminence: scarcely another peak in the long range showed its snowy summit. I hope it will be long before I forget this farewell view of the magnificent cordillera fronting Chiloé. At night we bivouacked under a cloudless sky, and the next morning reached San Carlos. We arrived on the right day, for before evening heavy rain commenced.

21. Punta Huechucucuy. Indian language. Valdivia

FEBRUARY 4th. Sailed from Chiloé. During the last week I made several short excursions. One was to examine a great bed of now-existing shells, elevated 350 feet (106 m) above the level of the sea: from among these shells, large forest-trees were growing. Another ride was to P. Huechucucuy (Huechucuicui). I had with me a guide who knew the country far too well; for he would pertinaciously tell me endless Indian names for every little point, rivulet, and creek. In the same manner as in Tierra del Fuego, the Indian language appears singularly well adapted for attaching names to the most trivial features of the land. I believe every one was glad to say farewell to Chiloé; yet if we could forget the gloom and ceaseless rain of winter, Chiloé might pass for a charming island.

Punta Arena, San Carlos (Ancud), Chiloé.
Punta Arena, San Carlos (Ancud), Chiloé.

There is also something very attractive in the simplicity and humble politeness of the poor inhabitants.

We steered northward along shore, but owing to thick weather did not reach Valdivia till the night of the 8th. The next morning the boat proceeded to the town, which is distant about ten miles. We followed the course of the river, occasionally passing a few hovels, and patches of ground cleared out of the otherwise unbroken forest; and sometimes meeting a canoe with an Indian family. The town is situated on the low banks of the stream, and is so completely buried in a wood of apple-trees that the streets are merely paths in an orchard. I have never seen any country, where apple-trees appeared to thrive so well as in this damp part of South America: on the borders of the roads there were many young trees evidently self-grown. In Chiloé the inhabitants possess a marvellously short method of making an orchard. At the lower part of almost every branch, small, conical, brown, wrinkled points project: these are always ready to change into roots, as may sometimes be seen, where any mud has been accidentally splashed against the tree. A branch as thick as a man's thigh is chosen in the early spring, and is cut off just

85

beneath a group of these points; all the smaller branches are lopped off, and it is then placed about two feet (0.61 m) deep in the ground. During the ensuing summer the stump throws out long shoots, and sometimes even bears fruit: I was shown one which had produced as many as twenty-three apples, but this was thought very unusual. In the third season the stump is changed (as I have myself seen) into a wellwooded tree, loaded with fruit. An old man near Valdivia illustrated his motto, "Necesidad es la madre de la invención," by giving an account of the several useful things he manufactured from his apples. After making cider, and likewise wine, he extracted from the refuse a white and finely flavoured spirit; by another process he procured a sweet treacle, or, as he called it, honey. His children and pigs seemed almost to live, during this season of the year, in his orchard.

FOOTNOTES

[1] *Horticultural Transact.*, vol. v. p. 249. Mr. Caldeleugh sent home two tubers, which, being well manured, even the first season produced numerous potatoes and an abundance of leaves. See Humboldt's interesting discussion on this plant, which it appears was unknown in Mexico, in *Political Essay on New Spain*, book IV, chap. IX.

[2] By sweeping with my insect-net, I procured from these situations a considerable number of minute insects, of the family of *Staphylinidae*, and others allied to *Pselaphus*, and minute *Hymenoptera*. But the most characteristic farmily in number, both of individuals and species, throughout the more open parts of Chiloé and Chonos is that of *Telephoridae*.

[3] It is said that some rapacious birds bring their prey alive to their nests. If so, in the course of centuries, every now and then, one might escape from the young birds. Some such agency is necessary, to account for the distribution of the smaller gnawing animals on islands not very near each other.

[4] I may mention, as a proof of how great a difference there is between the seasons of the wooded and the open parts of this coast, that on September 20th, in lat. 34 degs., these birds had young ones in the nest, while among the Chonos Islands, three months later in the summer, they were only laying, the difference in latitude between these two places being about 700 miles.

www.ingramcontent.com/pod-product-compliance
Lightning Source LLC
LaVergne TN
LVHW051149200726
843495LV00025B/1836